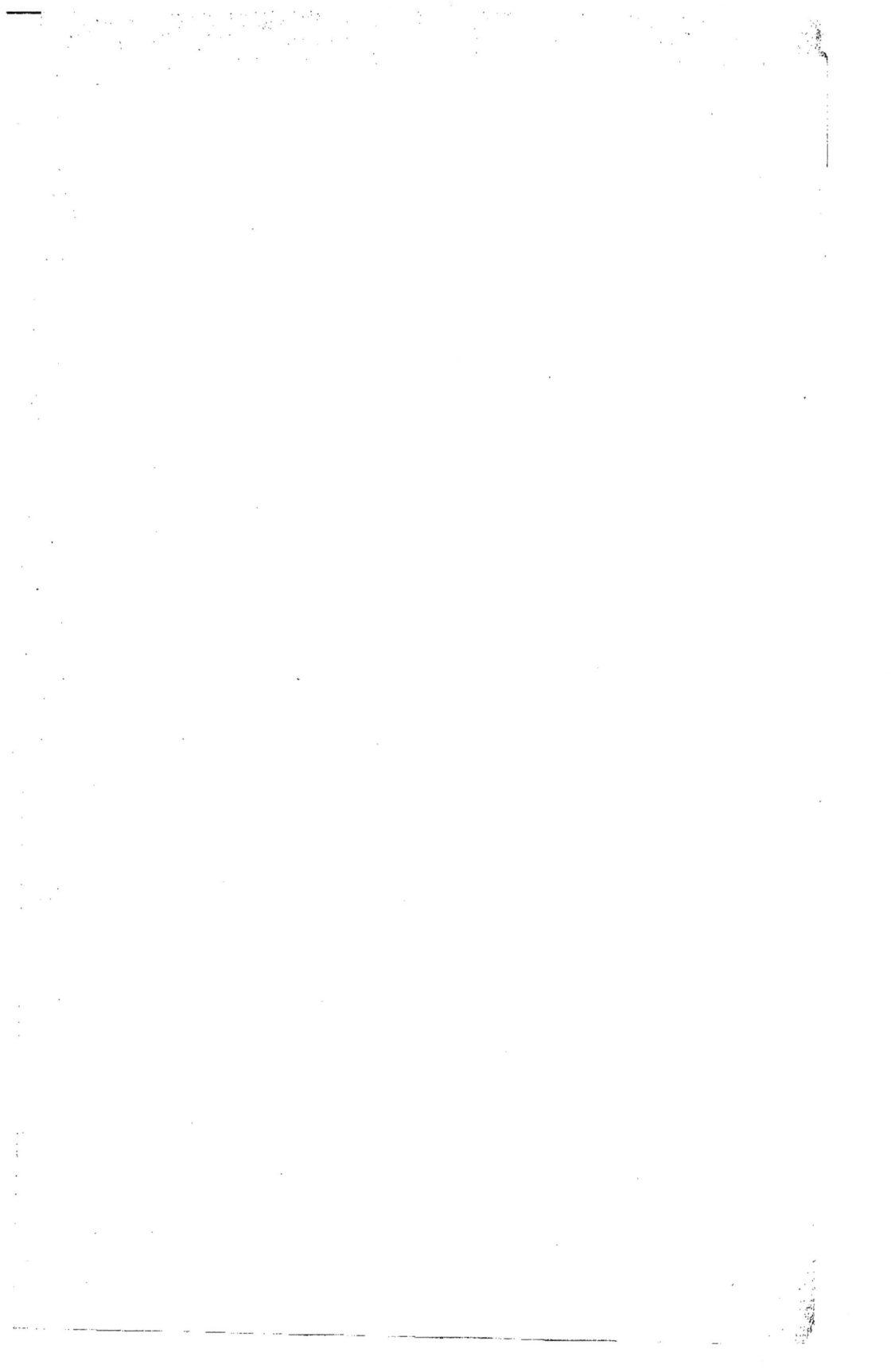

FACULTÉ DE DROIT DE PARIS

LA PETITE PROPRIÉTÉ

RURALE

Dans le Puy-de-Dôme

⊱⊰

THÈSE POUR LE DOCTORAT

Présentée et soutenue le 8 Juin 1900, à 10 heures

PAR

Alexis GOURBEYRE

Président : M. ESTOUBLON, *professeur*
Suffragants : { M. SOUCHON. *professeur.*
{ M. GIDE, *professeur.*

PARIS

JOUVE & BOYER

IMPRIMEURS

15, Rue Racine, 15

—

1900

THÈSE

POUR LE DOCTORAT

FACULTÉ DE DROIT DE PARIS

LA PETITE PROPRIÉTÉ

RURALE

Dans le Puy-de-Dôme

>+<

THÈSE POUR LE DOCTORAT

Présentée et soutenue le 8 Juin 1900, à 10 heures

PAR

Alexis GOURBEYRE

Président : M. ESTOUBLON, *professeur* ;
Suffragants : M. SOUCHON, *professeur.*
M. GIDE, *professeur.*

PARIS

JOUVE & BOYER

IMPRIMEURS

15, Rue Racine, 15

—

1900

LA PETITE PROPRIÉTÉ

RURALE

DANS LE PUY-DE-DOME

Y a-t-il avantage à voir, en France, le morcellement du sol se continuer ?

Telle est la question que se sont posés et que se
posent beaucoup d'économistes, sans que, jusque-là,
l'accord ait pu se faire entre les différentes opinions.

C'est qu'aussi le problème, pour attachant qu'il
soit, n'est pas des plus faciles à résoudre.

Dans sa solution entrent tant d'éléments divers
et souvent contradictoires, que l'on éprouve une
grande difficulté à faire un peu de lumière entre toutes
ces opinions divergentes.

Et d'abord il est difficile de se rendre un compte
exact de l'étendue de la petite propriété et du nombre
des petits propriétaires. — Le morcellement du sol
est plus ou moins accentué suivant les régions, et

varie quelquefois d'un département, d'un arrondissement à l'autre.

La France, a-t-on dit, est un peuple de propriétaires, mais elle ne l'est pas partout au même degré.

Là le morcellement a besoin de se continuer ; ici il conviendrait d'arrêter la division du sol; pour se prononcer sur la question, une connaissance approfondie de la vie rurale du pays est nécessaire, et cette connaissance est forcément limitée à un champ assez restreint.

Plusieurs ouvrages, en ces dernières années, se sont occupés de la petite propriété rurale et aideront beaucoup à résoudre le problème du morcellement, mais presque tous ces travaux ont porté sur la France entière et n'ont pu, par conséquent, tenir grand compte de la différence des régions.

Notre étude, restreinte à un seul département nous permettra de joindre l'observation directe aux renseignements administratifs.

Le Puy-de-Dôme, au point de vue du problème du morcellement, est une région pleine d'intérêt, car la division du sol y est très accentuée et les agriculteurs, très nombreux par rapport au reste de la population, y sont, tous ou presque tous, propriétaires.

L'Auvergne a vu naître la petite propriété avant la Révolution, le morcellement du sol a été pour beaucoup dans sa prospérité et il y a lieu de se demander, si après avoir été un bienfait, il ne deviendra pas, en s'accentuant, une cause de ruine et de misère pour les classes agricoles.

———

Chapitre Premier

Que faut-il entendre par petite propriété ?

———

Déterminons d'abord ce qu'il faut entendre exactement par petite propriété.

Avant de choisir le criterium auquel nous nous arréterons, il convient de préciser les termes :

Une confusion à éviter en premier lieu est celle que l'on fait quelquefois entre la petite propriété et la petite culture ; ce sont, cependant, choses fort différentes. — Qu'est ce que la petite culture ? — qu'entend-on, en un mot, par exploitation ?

C'est, abstraction faite de toute idée de propriété, le nombre des parcelles, réunies ou séparées, qui forment une unité agricole. Soumises, quant à leur culture, à la même volonté dirigeante, exploitées par les mêmes ouvriers, labourées par les mêmes animaux, leurs produits et leurs récoltes se réunissent dans le même endroit, au chef-lieu d'exploitation. En un mot ces différentes parcelles forment un tout complet, qui se suffit à lui-même.

Voilà l'exploitation.

Toute autre es: la propriété ; celle-ci est uniquement limitée par des frontières de droit qui ne se manifestent nullement à l'extérieur.

Souvent la petite propriété et la petite culture coexistent, mais il est facile de les concevoir l'une sans l'autre. Dans bien des cas, la petite culture va avec la grande propriété : le propriétaire divise son domaine en plusieurs parties, cultivées par des métayers ou fermiers distincts ; bien plus, pour certaines cultures, la vigne notamment, les propriétés se divisent encore plus, chaque parcelle étant cultivée, à moitié fruits, par un vigneron différent.

Voilà donc la petite culture alliée à la grande propriété.

Le contraire se conçoit également, les exemples en sont plus rares, mais ils se multiplieront probablement dans l'avenir.

La petite propriété devrait, semble-t-il rationnellement, entraîner la petite culture, et en fait, c'est ce qui se produit, mais rien n'empêche d'imaginer plusieurs petits propriétaires voisins, se soumettant à une volonté commune et exploitant ensemble leurs terres aménagées pour la grande culture, utilisant un matériel agricole perfectionné, pour enfin répartir entre eux récoltes et produits.

Cette hypothèse, toutefois, n'a pas, jusqu'ici, trouvé en Auvergne, sa réalisation ; certaines associations ou communautés agricoles ont existé, il est vrai, sous l'ancien régime, notamment aux environs de Thiers, et l'on trouve encore certaines propriétés communes, d'un caractère particulier ; mais on ne saurait citer cela comme des exemples de petite propriété alliée à la grande culture. Il n'y a pas là de petite propriété, il y a seulement une grande propriété indivise.

Pratiquement, on peut dire que la petite culture va presque toujours avec la petite propriété, et quelquefois mais rarement, avec la grande.

Quant au mot morcellement, dont nous nous sommes déjà servi et dont nous nous servirons au cours de cette étude, il ne peut guère prêter à confusion.

Nous laisserons de côté le morcellement parcellaire, c'est-à-dire, la division en parcelles du cadastre, pour ne parler que du morcellement réel du sol, entre les propriétaires plus ou moins nombreux. Les divisions cadastrales, quelque multiples qu'elles soient, n'ont, en effet, aucune influence sur le véritable mor-

cellement et n'ont guère qu'un intérêt purement ad-
ministratif.

Ces différents points établis, il nous reste à déterminer ce qu'il faut entendre, dans le Puy-de-Dôme,
par petite propriété et essayer de fixer sa contenance,
en l'enfermant entre un minimum et un maximum.
Après cela, il sera facile de cataloguer, pour ainsi
dire, les propriétés, d'en faire une classification.
Malheureusement, on manque pour ce faire, d'éléments certains. Ce qui est vrai ici ne l'est plus là ; il
y a, entre les régions, trop de différences. Dans celle-ci,
la limite maximum sera cinq hectares, mais un peu
plus loin, et surtout un peu plus haut, ce sera dix,
douze hectares et peut-être plus.

D'après M. de Foville, dans son ouvrage sur le
morcellement, la très petite propriété irait de zéro à
deux hectares, la petite de deux à six, la grande com-
mencerait à cinquante et la très grande à deux cents.

Pour M. Zolla, la petite propriété aurait au maximum dix hectares, la moyenne de dix à quarante, la
grande quarante et plus.

Dans sa statistique décennale, le ministre de
l'agriculture adopte ce même maximum de dix hectares pour la petite propriété.

D'autres économistes, renonçant à la superficie
comme base cherchent, pour déterminer l'étendue

de la petite propriété un critérium, pouvant aussi bien s'appliquer dans les pays riches que dans les pays pauvres.

H. Passy classe, parmi les petites propriétés, celles qui n'occupent pas complètement une charrue ; les moyennes seraient celles qui occupent largement une charrue ou deux, et les grandes, celles qui en emploient davantage.

Cette définition s'applique plutôt à la petite culture qu'à la petite propriété, et nous conduirait souvent à des erreurs, dans le Puy-de-Dôme, par suite du plus ou moins grand nombre de prairies naturelles ou artificielles qui y existent suivant les régions.

Boscher donne aussi une classification, qui porte plutôt sur les exploitations que sur les propriétés. Les grandes sont celles dont la direction occupe complètement ceux qui les dirigent. Les petites ne font pas appel à la main-d'œuvre salariée et sont, à la fois, cultivées et dirigées par les paysans qui les possèdent, ou les fermiers qui les ont prises à bail.

Dans le Puy-de-Dôme, on aurait vite fait de compter les propriétés rentrant dans la première catégorie ; elles sont peu nombreuses, et beaucoup de grandes propriétés sont cultivées par des fermiers ou

des métayers, qui ne font que très rarement appel à
la main-d'œuvre salariée, et quelquefois jamais.

P. Leroy-Beaulieu se base sur le revenu : la
petite propriété, pour lui, est celle, dont le revenu net
réel ne dépasse pas mille francs. Ce maximum de
mille francs est un peu trop élevé pour le Puy-de-
Dôme. L'hectare y rapporte en moyenne, de cinquante à cent francs ; on porterait donc la petite
propriété jusqu'au maximum de dix à vingt hectares,
ce qui est beaucoup trop. Et d'ailleurs, comment fixer
d'une manière un peu certaine, ce revenu de mille
francs ? le revenu foncier, établi à l'aide des cotes,
pourrait, il est vrai, y servir, mais cette base man-
querait absolument de précision dans un département
où, par suite des circonstances, le revenu cadastral
n'a plus que des rapports très éloignés avec le revenu
réel.

M. René Henry (1), définit la petite propriété par
les petits propriétaires ; il entend par petite propriété :
« une propriété dont le revenu peut nourrir, en tout, en
« partie, ou avec un léger excédent, une famille de
« cultivateurs composée de quatre ou cinq personnes.
« On peut ajouter, accessoirement, que l'exploitation
« y est simple et rudimentaire ».

(1) La petite propriété rurale en France.

Nous pouvons nous baser sur cette définition pour estimer l'étendue moyenne des petites propriétés mais il nous paraît difficile de donner un chiffre maximum, unique pour tout le département.

Le Puy-de-Dôme est composé, en effet, des régions les plus diverses ; alors que, dans certaines parties de la Limagne, les terrains se vendent de dix à douze mille francs l'hectare, on en trouve dans la montagne de 800 à 1,000 francs l'hectare.

Peu de départements, en France, présentent autant d'écart entre le point le plus bas et la cîme la plus élevée. — La rivière Allier est à 268 mètres d'altitude au point où elle sort du département. La plaine de la Limagne a une altitude moyenne de 300 à 550 mètres, tandis que les hauts plateaux du Mont-Dore et du Forez s'élèvent jusqu'à 11 et 1,200 mètres, dominés, eux-mêmes par des sommets de 14, 15, 1,600 mètres, et enfin par le Sancy, la cîme la plus haute de toute la France centrale (1,886 mètres).

En bas, dans la Limagne, une région qui ne le cède à aucune en France pour la fertilité et la richesse, là une grasse terre végétale produit, sans s'épuiser, de belles moissons, du vin, des fruits. Dans les régions moyennes qui entourent la Limagne, une grande fertilité encore, quoique moindre, les mêmes productions qu'en Limagne, une grande quantité de bétail, beaucoup de prairies. En haut enfin, dans la montagne, des champs de seigle, d'excellentes prairies, de grands troupeaux et des bois.

Cette grande diversité de régions et d'altitude ne nous permet guère d'adopter une moyenne générale.

Pour la Limagne et les vallées qui y débouchent la petite propriété s'arrête à trois hectares.

Dans ces régions de grande fertilité, où l'hectare rapporte au paysan de 200 à 500 francs, celui-ci peut se suffire avec peu de terres ; il a d'ailleurs d'autres moyens d'augmenter ses revenus, il exerce souvent quelque industrie ; dans les environs de Thiers, il fait de la coutellerie, ailleurs il va en journée.

Dans la région intermédiaire, nous fixerons la limite maximum de la petite propriété à huit hectares ; c'est bien peu, vu le rendement, mais là encore le paysan a d'autres ressources que sa terre, il y joint d'autres produits, notamment, depuis une vingtaine d'années, les revenus d'un petit capital. Le mouvement d'affaires des caisses d'épargne du département suffit à le démontrer.

Pour la montagne, la petite propriété peut aller jusqu'à 20 et 25 hectares, auxquels il faut ajouter des biens communaux assez importants. La terre donne peu, mais le paysan s'expatrie l'hiver, et revient au printemps avec une somme de 4 à 500 francs.

Nous pourrions donc fixer la moyenne générale, pour le département, de zéro à dix hectares.

— ———

Chapitre II

Evolution de la petite propriété

———

Les documents qui permettent de découvrir la naissance de la petite propriété dans le passé, et d'y suivre son évolution, sont peu nombreux et n'éclairent que très vaguement la question. M. de Sismondi donne très bien les raisons de cette absence de matériaux ; c'est d'abord que la transmission et le morcellement des héritages se sont faits sans bruit dans les familles ; c'est, en second lieu, que les actes qui ont été conservés ne concernent presque tous que des terres considérables, de grandes propriétés ; c'est enfin qu'ordinairement les contrats étaient verbaux, le seigneur et le paysan ne sachant ni lire, ni écrire.

Ces différentes causes sont intervenues, en Auvergne comme ailleurs, et obligent, pour les origines à se baser le plus souvent sur des probabilités.

L'Auvergne, à l'époque gallo-romaine, semble
avoir joui d'une grande prospérité. Au VIe siècle,
Thierry, désignant cette contrée à ses soldats, leur
disait : « Suivez-moi, et je vous ferai entrer dans un
« pays où vous prendrez de l'or et de l'argent autant
« que vous en pourrez désirer, où vous enlèverez
« des troupeaux, des esclaves, des vêtements en
« abondance. » La grande fertilité de l'Arvernie était
donc connue ; l'opulence y régnait, les cités étaient
entourées de villas, de maisons de plaisance, l'agriculture était en honneur. La terre, divisée en grandes
propriétés, était cultivée par une multitude de colons ;
à côté des grands tenanciers, il y avait peu de petits
propriétaires, c'est seulement vers la fin de l'empire
qu'il s'en est formé quelques-uns. La loi cependant ne
prohibait pas la petite propriété, mais en fait, la grande
était seule possible. La situation de celui qui culti-
vait la terre du colon était précaire ; supérieur à
l'esclave, il était très inférieur au cultivateur féodal,
qui devait lui succéder : « Quand on compare, dit M.
« Doniol (1) l'état juridique et la situation réelle du
« travailleur des provinces romaines avec ceux du cul-
« tivateur féodal, on reste convaincu que, si la féodalité

(1) L'ancienne Auvergne et le Velay.

« n'a pas été l'acheminement providentiel des classes in-
« férieures à un état social plus assuré et plus complet,
« elle en a, théoriquement du moins, favorisé
« l'essor. »

Le régime féodal amena un changement complet
dans l'organisation de la propriété et de la culture ;
peu à peu on abandonne les plaines, régions fertiles,
mais difficiles à défendre, pour s'établir sur les hauteurs. Les montagnes de l'Auvergne se hérissent de
châteaux-forts ; auprès d'eux seulement sont sûreté
et protection. Les colons, devenus serfs, se groupent
à l'abri de leurs murailles, le village se bâtit à l'ombre
du donjon. Le grand tenancier gallo-romain est de-
venu le seigneur féodal. Il a quitté la villa ouverte, pour
se retrancher dans le manoir fortifié. Les terres de la
plaine sont abandonnées ; elles serviront de champ
de bataille dans les guerres continuelles entre les différents seigneurs. Les terres qui entourent le château
sur la pente des collines sont seules cultivées, parce
que seules, elles sont à l'abri d'un coup de main.

D'autre part, la propriété et la souveraineté se
confondent rapidement, les petites propriétés, très peu
nombreuses, ne tardent pas à disparaître : ou leurs
propriétaires en sont dépouillés par la violence, ou
ils les abandonnent d'eux-mêmes ne pouvant plus
les défendre. La grande propriété arrive, à cette

époque, à son apogée. Chaque seigneur est, à la fois,
propriétaire et souverain.

A côté de lui, l'église augmente tous les jours
ses possessions, fort étendues déjà au Ve siècle, elles
vont toujours en progressant, les couvents se fondent,
les moines défrichent d'immenses surfaces et en font
des terres de valeur, de nombreuses donations les
augmentent encore. On trouve un grand nombre de
ces donations dans les cartulaires de Brioude et de
Sauxillanges.

Une notable partie de l'Auvergne devient ainsi
la propriété de l'Eglise. L'Evêque-Comte de Clermont
possède de grands biens, il en est de même des
abbayes d'Issoire, de Mozat, de Sauxillanges, de Man-
glieu. Les moines de la Chaise-Dieu et les Chanoines-
Comtes de Brioude possèdent à eux seuls la moitié
du département actuel de la Haute-Loire.

Le seigneur, seul possesseur de la terre, est
maître absolu sur son domaine, mais son pouvoir
s'étend sur un désert ; presque tout est inculte, cou-
vert de ronces et de broussailles, il ne tire rien de
son bien, et il a des charges, des besoins. Il est souvent en guerre avec ses voisins, ou il part pour la
Croisade. Il lui faut équiper une troupe et il manque
d'argent. Comment faire produire quelques revenus à
son immense domaine ?

Ne pouvant faire cultiver directement de si grandes étendues, il concède ses terres aux vilains, moyennant des services, des corvées, une redevance.

La concession est quelquefois temporaire, mais le plus souvent perpétuelle, et cette perpétuité transformera, peu à peu, la simple concession en un véritable droit de propriété. Par suite la propriété se divise, elle se partage entre le seigneur direct, celui qui concède, et le seigneur utile, celui qui cultive, et de là est née la distinction faite par les légistes entre le domaine direct et le domaine utile. Le cens, forme ordinaire de la redevance, était proportionné au revenu de la terre ; il était faible, mais la terre concédée était inculte ; ce ne sera que plus tard et par suite du plus grand rendement de la terre et de l'abaissement des prix, que toute proportion disparaîtra et que le cens ne sera plus qu'une simple marque de seigneurie.

Ainsi furent créées une multitude de petites tenues et le bail à cens doit être le procédé ordinaire qui servit à les constituer. Comment ce bail était-il rédigé ? Quelles clauses contenait-il ? On ne saurait le dire de façon certaine, les archives du Puy-de-Dôme ne contenant aucune pièce se rapportant à un contrat de ce genre.

Le censitaire exerçait presque tous les droits

constitutifs de la propriété ; la terre ne peut lui être
enlevée, il peut la vendre et la transmettre à ses enfants. Accablé d'exactions il reste attaché au sol
qui le nourrit et qui deviendra peu à peu sa propriété.

« Quand on étudie le luxe des dispositions
« portées à son égard, par la coutume, on arrive à
« comprendre la féodalité comme un système social,
« savamment combiné, où tout est réglé, prévu,
« classé, maintenu dans une hiérarchie de privilèges,
« de fonctions, de services, que rien ne peut mo-
« difier ni troubler. Le travailleur des champs s'y
« voit à sa place, étroite, gênée, pleine de souffrances
« parfois, mais protégée, assurée, sans concurrence.
« ..... Le cultivateur avait un état fixe, très rigoureu-
« sement garanti, assis sur une terre qui semblait
« sienne, car elle lui demeurait de père en fils (1) ».

En fait, il est vrai, la situation du cultivateur
était plus mauvaise ; il semble, cependant, qu'il ait eu
moins à souffrir en Auvergne que dans bien d'autres
provinces. D'ailleurs, ses qualités d'endurance, sa
sobriété, son énergie au travail, plus grande que dans
les régions voisines, durent lui assigner une condition un peu moins misérable. La situation agricole
était prospère, la superficie cultivée allait en augmen-

(1) Doniol, l'ancienne Auvergne et le Velay.

tant, le paysan vivait péniblement mais au moins ne mourait pas de faim : « On comprend, en effet, que « le censitaire d'un seigneur équitable et pas trop « besogneux, lorsqu'il avait une bonne terre ou que, « par son intelligence et son travail, il savait lui faire « donner des produits abondants, au bout d'un cer- « tain temps, parvenait vite à grossir son avoir » (1).

Avec le xve siècle, la situation du cultivateur empire et devient difficile : aux charges féodales viennent s'ajouter celles imposées par la royauté, qui étend de plus en plus son action ; puis survient la guerre de Cent Ans, avec son cortège de misères et de pillages ; l'agriculture, très prospère avant ce siècle de luttes perpétuelles, déchoit rapidement ; la terre ne peut plus nourrir celui qui la cultive, il l'abandonne, le peuple se révolte, les armées roya- les viennent réprimer ces insurrections, et pas- sent au fil de l'épée nombre de pauvres paysans, dont le plus grand crime est de mourir de faim. La famine survient alors et l'Auvergne présente le plus triste spectacle. Le procès verbal des états de 1484 fait mention de ses déplorables effets ; le prix de la terre était tombé à un taux excessivement bas. M. Do- niol cite un bail emphytéotique de l'an 1400, où l'on

(1) Doniol. L'ancienne Auvergne et le Velay.

concède à un seul individu le tennement de deux vil-
lages, moyennant douze setiers de froment, huit
d'orge et quatre d'avoine.

Sous Louis XII, la situation changea et la misère
du cultivateur subit un temps d'arrêt ; les circonstances permettent à celui-ci de reprendre haleine ; la
noblesse vend ses terres, pour aller en Italie : il les
achète ; tous ceux qui possèdent un petit pécule, domestiques, journaliers, laboureurs, acquièrent quelque
lopin de terre, le mouvement de prospérité se produit
sur tous les points de l'Auvergne, mais malheureusement, les guerres de religion viennent arrêter l'essor de la petite propriété et, comme au temps de la
guerre de Cent Ans, le cultivateur ne pouvant supporter les impositions, les exactions, les pillages
continuels, est obligé de vendre ou d'abandonner son
champ.

Voilà donc la petite propriété progressant en
même temps que la prospérité de l'agriculture et se
résorbant aux heures de crise. Ce phénomène se pro-
duira dans tout le cours de l'histoire. Il est la réfuta-
tion directe de la célèbre phrase de Michelet : « Aux
« temps les plus mauvais, aux moments de pauvreté
« universelle, où le riche même est pauvre et vend
« par force, alors le pauvre se trouve en état d'acheter.
« Nul acquéreur ne se présentant, le paysan en gue-

« nilles arrive avec sa pièce d'or et il acquiert » (1).
C'est ordinairement le contraire qui se produit.

Le petit cultivateur est impuissant à traverser les
époques de misère, il résiste, s'accroche à sa terre,
mais souvent il succombe dans une lutte inégale ; et
pourtant, quel travail persistant, quelles privations,
quels jeûnes ! « La sueur vient au front, dit Michelet,
« cette fois mieux inspiré, quand on observe dans
« le détail, les accidents divers, les succès et les
« chutes de cette lutte obstinée, quand on voit l'in-
« vincible effort dont cet homme misérable a saisi,
« lâché, repris la terre de France ».

Que les circonstances s'y prêtent quelque peu,
qu'un moment de répit soit laissé au paysan, il se
reprend aussitôt ; à peine Henri IV a-t-il rétabli la
paix, à peine Sully a-t-il fait sentir son administration
bienfaisante, que le cultivateur se relève, il répare
les désastres subis, il souffre moins, reprend des
forces et se remet à acquérir.

Le XVIIe siècle, malheureusement, ne lui est pas
favorable: Richelieu le pressure pour le tenir en sujet-
tion ; les intendants, créés pour réparer les trop
grandes injustices des tailles, s'unissent quelquefois

(1) Michelet : le peuple,

avec ses pires ennemis et loin d'améliorer son sort, ne font que l'empirer.

L'Auvergne, cependant, eut ordinairement de bons intendants et trois d'entr'eux nous ont laissé des rapports précieux sur l'état de la province. Ces rapports, malheureusement, ne s'occupent pas de la situation du paysan en tant que propriétaire, et ce n'est qu'incidemment que l'on peut y trouver quelques indications.

Au XVIIIᵉ siècle, il devait cependant y avoir en Auvergne un certain nombre de paysans propriétaires : le cens était peu élevé, les tenanciers se considéraient comme maîtres du sol autrefois concédé ; ce cens qu'ils payaient n'était plus pour eux qu'un impôt comme un autre.

D'autre part, les ventes et les successions furent une cause importante du morcellement. Beaucoup de seigneurs, pour se maintenir à la cour, vendaient peu à peu leurs terres.

La bourgeoisie fut la classe qui profita le plus de ces aliénations ; mais nul doute que beaucoup de paysans n'aient aussi trouvé là occasion de devenir propriétaires.

Les successions furent également un agent de morcellement. Le droit d'aînesse, en Auvergne, fut assez restreint :

« L'aîné, dit Masuer, prend le nom, les armes et
« le manoir principal, surtout si ce manoir est celui
« dont la famille porte le nom, mais il ne l'a point en
« préciput. Il doit indemniser les puînés. Enfin ce
« droit d'aînesse n'a lieu, ni entre les puînés, ni en
« faveur des filles, ni en ligne collatérale. » Ces prin-
cipes furent plus tard consacrés par la coutume.

Au XVIIe siècle, il y avait en Auvergne beaucoup de grandes propriétés, surtout en Limagne ;
dans la demi montagne, elles semblent avoir été
moins étendues. Dans la haute montagne enfin, dans
le Mont-Dore et surtout dans le Livradois, il existait
d'immenses forêts, en partie possédées par le clergé.

Les terres possédées par le roi en Auvergne
étaient peu importantes : de Mesgrigny, premier intendant de cette province, en donne le détail, dans l'état
dressé par lui en 1837 ;

Le Domaine est affermé 43.000 livres, qui se
décomposent ainsi : Usson 1100 livres, Nonette 1400
livres, Montferrand 1100 livres, Vic-le-Comte, Mer-
curol et Las 1500 livres, Mirefleurs et Dieu y-soit
4300, Clermont, Chamalières et Montrognon 5600, Le-
zoux 1000.

De Mesgrigny parle aussi des biens des seigneurs
et du Clergé et ne fait aucune allusion à ceux possédés par les paysans. Pour la bourgeoisie, il se con-

tente de dire que les roturiers de la ville de Clermont possèdent plus de fiefs qu'en tout le reste de l'Auvergne. Il se plaint de la noblesse et de la bourgeoisie qui, l'une et l'autre, contribuent à la misère du peuple. Les nobles, abusant de leurs droits et en profitant pour ruiner le paysan, la bourgeoisie cherchant à tirer profit des droits et libertés politiques acquis peu à peu.

Mesgrigny constate plusieurs exactions : les Echevins se font allouer 6000 livres sur la taille, ils consentent à ce qu'on dresse des rôles d'impositions extraordinaires. « Pour les étapes des gens de guerre « il s'est levé cette année, sans commission particu- « lière du roi, sur le simple consentement des éche- « vins de Clermont, représentant le Tiers-Etat du bas « pays, plus de 300.000 livres, sans compter 8000 « livres de gratification pour le régiment de Polignac « dont ceux du haut pays se sont plaints. »

Il y a de grandes récriminations contre la bourgeoisie à cause des usures ordinaires dans la province;

L'intendant, dans son rapport, ne néglige pas de parler du paysan ; mais, nous l'avons dit. on ne peut savoir s'il était propriétaire.

De ce silence sur cette question, M. Doniol con- clut que la petite propriété n'existait pas en Auvergne au XVIIe siècle. Cette opinion nous paraît exagérée

et il nous est bien difficile d'admettre qu'à cette époque, le sol de l'Auvergne appartenait tout entier à la
noblesse, au clergé et à la bourgeoisie. Que les paysans propriétaires ne fussent pas très nombreux,
cela est possible, mais il suffit de compulser les minu-
tes des notaires pour conclure, des nombreux actes de
vente ou d'échange entre paysans et bourgeois que
le nombre des paysans propriétaires était encore assez
élevé.

L'Alleu, du reste, ne disparut jamais de l'Auvergne, tous les documents en font mention : « Dans
« cette province, la franchise des terres, l'allodialité
« y fut toujours de droit commun » et probablement,
là où elle existait, elle ne devait porter que sur des
propriétés de peu d'étendue.

Peu à peu cependant, les grands domaines sont
aliénés ; de Mesgrigny, en 1637, nous a donné le détail
des biens possédés par le roi en Auvergne. D'Or-
messon, dans son rapport de 1697, soixante ans plus
tard, constate que ces biens ont été vendus : « le
« domaine fixe, dit-il, est entièrement aliéné, à la ré-
« serve des chatellenies d'Usson et de Nonette », ce
qui s'était produit, pour le domaine du roi, avait dû
se produire, aussi, pour la noblesse. La bourgeoisie,
les paysans achetaient. La bienfaisante administration de Colbert avait rendu un peu de bien-être à ces

derniers, ils en profitaient pour acquérir. Gauthier de Biauzat, parle avec enthousiasme des services rendus par ce ministre à la cause des cultivateurs, et M. Doniol, constatant à la fin du XVIIᵉ siècle des cotes au-dessous de 40 livres, attribue à son administration le mérite de la généralisation de la petite propriété en Auvergne.

Et cependant, les épreuves du paysan ne sont point encore arrivées à leur terme. La fin du XVIIIᵉ siècle sera le triomphe de la petite propriété et du petit propriétaire, mais avant, il lui faudra traverser une période de misère, la plus affreuse peut-être qu'il ait subie.

La fin du règne de Louis XIV fut terrible pour le paysan auvergnat, tous les documents de l'époque mentionnent ses épreuves. La Limagne fut la région qui souffrit le plus ; les paroisses se dépeuplent, la culture se ralentit, parce que les charges publiques absorbent tout le produit et ne laissent que trop peu à celui qui cultive. Massillon écrit en 1740 au cardinal Fleury : « Le peuple de nos campagnes vit dans une « misère affreuse, sans lits, sans meubles. La plupart « même, la moitié de l'année, mangent du pain d'orge « et d'avoine qui fait leur unique nourriture et qu'ils « sont obligés d'arracher de leur bouche et de celle de « leurs enfants pour payer les impositions. — J'ai la

« douleur, chaque année, de voir ce triste spectacle
« devant mes yeux, dans mes visites ». Les charges
et impositions sont la principale cause de cette situation désastreuse.

L'Auvergne est écrasée par les subsides, « ils sont
« poussés, dit encore Massillon, à plus de six millions,
« que le roi ne retirerait pas de toutes les terres
« d'Auvergne, s'il en était l'unique possesseur ».

Et cependant le pays est bien cultivé, l'intendant
de Ballainvilliers le constate en 1765 ; la province
produit du seigle, peu de froment, beaucoup de
chanvre, du foin, des fruits, du vin. La difficulté
malheureusement est de pouvoir exporter ces produits, les droits à payer sur le canal de Briare sont
énormes ; la douane provinciale, dont les bureaux
sont à Gannat et à Vichy, prélève des droits de sortie
exorbitants ; presque tous les documents qui traitent
de cette question, se plaignent amèrement de cette
douane, et peut-être faut-il lui attribuer la dépréciation
des vins d'Auvergne à cette époque. La situation du
vigneron est la plus mauvaise de toutes, le vin se
donne pour presque rien ; pendant les années qui pré-
cédèrent la Révolution, le vin se vendait de 20 à 25
sols le pot (15 litres), et cependant la culture de la
vigne est onéreuse et délicate.

Peut-être cette situation déplorable fut-elle la

Gourbeyre   3

cause de ces défenses, que nous trouvons souvent en Auvergne, sous l'ancien régime, et qui interdisaient de planter des vignes sans autorisation.

Certainement cette désastreuse période de la fin du règne de Louis XIV et du commencement du règne de Louis XV, réduisit le nombre des petits propriétaires ; beaucoup cependant résistèrent et tinrent bon, jusqu'à des temps meilleurs, tant est grande, chez le paysan auvergnat, la faculté de travail et de jeûne : « Il n'y a plus que lui, par ses privations et « ses sueurs, qui puisse rendre utile la propriété, « grevée comme elle l'est (1) ».

A côté du petit propriétaire, il y avait, se confondant souvent avec lui, le cultivateur qui possédait des terres à charge de rente ; on lui aliénait la terre rôturière, moyennant le payement d'une rente ordinairement perpétuelle et, à charge par lui, d'acquitter les cens et toutes autres impositions. Dans les rôles de taille, dans ceux du moins qui sont tarifés, on trouve souvent, à côté de l'énumération des biens d'un propriétaire, la mention d'une terre, avec cette indication: « En rente ». Enfin il y avait les métayers, très nombreux, les journaliers et quelques rares fermiers.

Quant au cens, il était une charge légère au XVIIIᵉ

(1) Doniol. L'ancienne Auvergne et le Velay.

siècle ; il avait perdu de sa valeur par suite de la dépréciation de la monnaie et des métaux précieux.

A partir du ministère du cardinal Fleury, la situation du cultivateur s'améliore. Il est certain que la fin du règne de Louis XV et le règne de Louis XVI virent la prospérité renaître dans nos campagnes. Aussi les petits propriétaires se multiplient rapidement et, à partir du milieu du XVIII⁰ siècle, et peut-être un peu avant, ils sont la majorité. Tous les documents s'accordent pour le constater, et ce mouvement qui se produisit dans toute la France fut en Auvergne plus profond et plus accusé qu'ailleurs : « Les grands « domaines étaient rares dans le massif central (sauf « dans la plaine). Le nombre des petits propriétaires « paraît avoir été toujours plus grand chez nous que « dans la région du Nord, par exemple. Au milieu « du XVIII⁰ siècle, leur prédominance est partout la « règle (1). »

Le paysan d'Auvergne a toujours tendu à la propriété avec ardeur, avec passion, il a tout subi pour y arriver : « Il a vécu de jeûnes et de misère physi- « que, les documents cités le font assez voir ; d'abais- « sement moral, de haines, l'histoire de la fin du « siècle ne l'atteste que trop ; de chagrins enfin, la

(1) Alfred Leroux. Le massif central.

« dépopulation en témoigne suffisamment. Il s'est
« vêtu de haillons, il a mendié, il a enduré tout, et
« au bout du compte, il a vécu.... à la fin, il s'est
« trouvé propriétaire (1). »

Tous les auteurs du XVIIIᵉ siècle, qui se sont
occupés du cultivateur, tous les voyageurs constatent le grand nombre de petits propriétaires existant
en France à cette époque ; Turgot, Necker, Boisguil-
bert s'accordent pour signaler « l'immensité de la
petite propriété »; beaucoup vantent ses avantages ;
D'Argenson compare « les vastes terres des seigneurs
à l'étroit héritage du laboureur » et montre celui-ci
quatre fois productif comme elles. Il n'accorde aucun
effet au travail agricole s'il ne présente pas « cet
intérêt direct et prochain » qu'engendre la propriété.
Il affirme, et il y avait quelque courage à le dire,
que « le plus grand dommage qui put arriver à
« un champ, c'est qu'il ne fut pas cultivé par son
« propriétaire. (2). » Et d'autre part le marquis de
Mirabeau écrit : « Le territoire d'un canton ne saurait
« être trop divisé ; c'est cette répartition, cette diffé-

(1) Doniol. L'anc. Auvergne et le Velay.
(2) D'Argenson : Considérations sur le Gouvernement de
la France.

« rence du tien ou du mien, qui fait toute la vivifi-
« cation d'un état (1). »

La France est presque toute en broussailles ;
pour la cultiver, on veut faire le paysan propriétaire,
on le pousse à acheter, à partir de la fin du règne de
Louis XIV ; quelquefois, on lui offre la terre, pour
le seul montant des tailles.

Les écrivains anglais, voyageant en France
constatent tous le grand nombre de petits propriétaires : Horace Walpole, Lady Montagu, Young enfin.

Ce dernier a visité l'Auvergne, il l'a traversée
dans toute sa longueur, d'Aigueperse à Fix ; il trouve
la Limagne « un des plus beaux terrains du monde, »
sa fertilité est merveilleuse : à Fix, il a vu un beau
champ de trèfle, ce qu'il n'avait pas rencontré depuis
l'Alsace ; « l'Auvergne, dit-il, quoique presqu'entièrement montagneuse, n'est pas pauvre.... les plus hautes cîmes nourrissent de grands troupeaux de bétail.
« Les bonnes terres se vendent de 800 à 1200 livres la
septérée, soit de 3 à 4.000 fr. l'hectare, les prés de 6 à
7.000 livres. Il donne les rendements des céréales et
les estime faibles ; il trouve la culture mal entendue ;
chaque paysan cherche à acheter ; les épargnes de la
classe pauvre sont converties en terres, contraire-

(1) Mirabeau. L'ami des hommes,

ment à ce qui a lieu dans son pays, ce dont il le félicite. »

Il trouve que les irrigations sont bien faites.

La vigne, dit-il, se prête à la petitesse de la propriété et cette petitesse est beaucoup trop accentuée, à
son avis, elle enchaîne les enfants au sol, d'où ils devraient émigrer ; il y a « un éparpillement incroyable
« de la propriété, que l'on dirait inventé pour causer
« au cultivateur autant de frais et d'ennuis qu'il est
« possible » — « la petite propriété est la source de
« maux effroyables et, telle en est l'action en France,
« que la loi devrait intervenir (1). »

Et pourtant, telle est la force de l'évidence, qu'il
reconnaît les prodiges qu'accomplit le paysan, et lui-
même, d'ailleurs, constate que les grandes propriétés
sont bien plus mal cultivées que les petites.

Quoi qu'il en soit, son témoignage prouve la
grande division de la propriété avant la Révolution.

L'Auvergne était certainement, au XVIIIe siècle,
une des provinces où la propriété était le plus morcelée ; tous les auteurs qui ont traité la question semblent
l'affirmer ; malheureusement, presqu'aucun d'eux ne
se base sur des données précises ; les documents sont
peu abondants ; on trouve bien l'inventaire des biens
constituant de grandes propriétés appartenant aux

(1) Young. Voyages en France.

seigneurs, mais il n'est presque jamais fait allusion aux petites propriétés. Beaucoup s'y sont trompés, et ont affirmé que c'était la Révolution qui avait fait le petit propriétaire. « La petite propriété n'est pas nou- « velle en France ; on se figure à tort qu'elle a été « constituée dernièrement, dans une même crise ; « qu'elle est un accident de la Révolution, erreur ; la « Révolution française trouva ce mouvement fort avan- « cé et elle même en sortait » (1). « La Révolution n'a « pas créé la petite propriété, elle l'a libérée » (2).

Il y a un moyen de se faire une idée à peu près exacte de l'état de morcellement au XVIIIᵉ siècle, c'est de consulter les rôles de vingtièmes et les rôles de tailles ; il en existe un assez grand nombre dans les archives du Puy-de-Dôme. Il s'agit bien entendu, des rôles tarifiés ; les autres ne donnent pas des indications assez complètes ; on ne peut, en effet, se baser sur le chiffre de revenu présumé et sur le montant de la taille, pour édifier une hypothèse, qui souvent serait loin de la réalité.

Pour les rôles tarifiés, il en est autrement : ceuxci, sous le nom de chaque individu, donnent le détail de tous ses biens, de toutes ses causes de revenu.

(1) Michelet. — Le peuple.
(2) Tocqueville.

Voilà donc un moyen sûr de connaître les propriétaires d'une paroisse et de savoir l'étendue de leurs propriétés. Les rôles de vingtièmes sont à cet égard les plus précieux, car les nobles et privilégiés n'étant pas exempts de ce: impôt, sont portés sur les registres avec l'énumération de leurs biens. Malheureusement, les archives contiennent peu de rôles de vingtièmes. Restent ceux de la taille, et eux aussi sont très probants, car, dans bien des paroisses, les propriétés des exempts et privilégiés sont portées avec cette mention : « pour mémoire ».

Du reste, quand même ces biens seraient omis, leur absence ne modifierait guère les résultats pour la paroisse, car ils sont peu nombreux.

On entend dire souvent, et bien à tort, que les propriétés des nobles ne payaient pas d'impôt ; d'abord ils payaient les vingtièmes, mais de plus, n'étaient exemptées de la taille que les terres nobles, exploitées directement par des domestiques non mariés.

Nous avons pris au hasard un certain nombre de ces rôles de tailles et de vingtièmes en cherchant cependant. autant que possible, des paroisses appartenant à des régions différentes de l'Auvergne. les unes dans la plaine , les autres dans la montagne. Pour les rôles de taille, où nous n'avons pas trouvé mention des privilégiés, nous nous sommes reportés aux plumitifs qui en donnent le nombre pour chaque paroisse. Malheureusement ils ne donnent pas l'étendue de leurs biens exempts de la taille.

Le rôle que nous avons trouvé le mieux fait est le rôle de vingtièmes de la paroisse des Martres-d'Artières, actuellement commune du canton de Pont-du-Château, ayant 839 habitants. Les privilégiés sont au nombre de quatre : Les Bénédictins de Mozat, seigneurs en partie ; ils possèdent six cartonnées de terre, douze œuvres de prés. revenu présumé : 81 livres. alors que leurs dimes et une directe sont affermées 1200 livres. En second lieu, le comte de Montboissier, seigneur en partie. 8 septérées de terre, 15 œuvres de prés (revenu 222 livres). En troisième lieu, M. de Chazerat, intendant d'Auvergne, possède la terre appelée Petit-Domaine, 80 septérées de terre, 15 œuvres de prés (produit 825 livres) et le domaine de Rigaud, 100 septérées, 10 œuvres de prés, 12 de vignes. — Enfin, le sieur Delaville a un domaine de 80 septérées, 60 œuvres de prés, 4 de vignes (1).

Voilà donc tous les privilégiés ; ils figurent en tout pour 268 septérées, 8 cartonnées de terre, 58

(1) La septérée égale 1000 toises, elle contient huit cartonnées (cartonnée 5 ares 70), l'œuvre est de 4 cartonnées pour les prés et d'une cartonnée pour les vignes.

œuvres de prés, 16 œuvres de vignes ; c'est bien peu.
A côté d'eux sont les non-privilégiés : le rôle renferme
211 inscriptions, les quatre privilégiés déduits, reste
207. Sur ces 207, il y a 195 propriétaires. Un seul,
un prêtre, a plus de 100 septérées, son bien en contient 120 3 œuvres de prés, 34 œuvres de vignes ;
c'est un grand propriétaire pour le pays, quoique son
domaine n'atteigne pas cent hectares. Deux propriétaires ont plus de 50 septérées, trois en ont plus de 20,
huit en ont plus de 10, onze en ont plus de 5 ; les
170 autres ont en moyenne de une cartonnée à cinq
septérées, soit de 7 ares à 3 hectares ; 83 sur 170 ne
possèdent pas une septérée.

Il y avait donc, dans cette paroisse, qui a aujour-
d'hui 839 habitants, mais qui en avait moins en 1781,
date du rôle, cinq gros propriétaires (on ne peut
compter comme tels les Bénédictins de Mozat, ni le
comte de Montboissier, onze propriétaires aisés et
181 petits propriétaires dont 83 très petits.

Cette paroisse, prise au hasard, n'est pas la seule
de ce genre ; prenons une paroisse de montagne :
Olmet, de l'élection d'Issoire, et actuellement du canton de Courpière. Là, c'est d'un rôle de taille de
1749 qu'il s'agit. Dans cette paroisse qui possède
actuellement 1.174 habitants, nous trouvons 191 articles ; sur 40, pris au hasard, 32 mentionnent des pro-

priétaires, les 8 autres se décomposent ainsi : un forgeron, deux boulangers, un cabaretier, un sergent, un pauvre, un tisserand, le huitième n'est pas qualifié. Parmi les propriétaires, le plus important possède 22 hectares de terre et onze hectares de prés, les cinq ou six suivants ont de 10 à 25 hectares, les 26 autres varient entre un are et cinq hectares. Dans cette paroisse, il n'est fait mention d'aucun privilégié.

Si l'on considère qu'Olmet est un bourg de montagne où la terre, moins fertile, a beaucoup moins de valeur qu'en Limagne, on trouvera que la propriété y est fort divisée et les propriétaires très nombreux. Sur mille habitants que la paroisse devait contenir, à peu près, en 1749, il y a 191 imposés, dont 150 sont propriétaires ; les revenus présumés varient entre 20 et 500 livres ; quelques-uns seulement arrivent à 1,000 livres.

A Authezat, pays fertile de l'élection de Clermont, actuellement du canton de Veyres, les propriétaires possèdent d'une demie septérée de terre à 20 septérées, de une à 30 œuvres de vignes Il y a trois privilégiés possédant de petits domaines.

A Saint-Bonnet-Lachamp, dans l'élection de Riom, un exempt, 331 inscrits au rôle, presque tous propriétaires de quelques septérées de terre, de quelques œuvres de vignes ; de une à quinze septérées pour les terres, de une à dix œuvres pour les vignes.

A Saint-Amand, dans l'élection de Clermont, en 1757, 285 inscrits, pas de privilégiés, sur 50 inscrits pris au hasard, tous ont des vignes ; sauf un papetier qui a un moulin à papier et une mailleric de chanvre, l'étendue des propriétés varie entre une demi-œuvre et dix œuvres, deux ou trois vont jusqu'à 20.

A Estendeuil, paroisse de montagne, 71 inscrits en 1751, un seul privilégié pour un domaine de 40 hectares, propriété très divisée ; en 1781, plus de privilégié. Nous avons ainsi relevé les rôles pour une vingtaine de paroisses comprises dans le département actuel ; toutes ces paroisses nous ont fourni les mêmes données, nous ont amené aux mêmes conclusions ; partout la propriété très divisée, les propriétaires nombreux ; peu ou point de privilégiés et le privilège, quand il existe, portant sur des domaines de médiocre étendue.

On peut dire en somme que, dans la seconde moitié du XVIIIᵉ siècle, la propriété était en Basse Auvergne aussi morcelée et même plus qu'elle ne l'est à l'heure actuelle dans beaucoup de départements.

Sans les impositions par trop lourdes, les paysans auraient été dans l'aisance ; dans les notes sur chaque paroisse, nous trouvons presque toujours la même mention : « pays fertile, bien cultivé, habitants pauvres », les mots « tous pauvres » reviennent bien souvent. L'ère de prospérité n'était pas encore arrivée pour le paysan, et l'on peut dire qu'il ne la connut guère jusqu'à la fin du premier empire.

Nous avons pu aussi constater, dans les dernières années de l'ancien régime, une grande mobilité dans la possession de la terre, elle change souvent de mains à quelques années d'intervalle. Cela se produit non seulement en Auvergne mais dans toute la France ; M. Loutchisky le constate : « On trouve « à chaque pas des preuves de la mobilité constante « des propriétés foncières en France aux XVIe et XVIIe « siècles plus encore au XVIIIe et particulièrement « dans les années 1770-1780 où les achats de terre « faits par les paysans atteignent le degré maximum « de leur développement (1). »

Quoiqu'il en soit la petite propriété, existait et fort développée, en Auvergne, il nous faut maintenant rechercher quelle influence a eue la Révolution sur la division du sol.

Et là encore les documents spéciaux, sans faire complètement défaut, sont cependant insuffisants.

Il convient de parler en premier lieu, de la grande

(1) Loutchisky. — La petite propriété en France avant la Révolution.

cause de morcellement : la vente des biens nationaux ;
sur ce point particulier, les renseignements sont précis, mais il nous paraît difficile de nous en servir.

M. Loutchisky, dans son étude sur la petite propriété en France, avant la Révolution, s'est trop ap
puyé sur ces ventes, et sur les registres qui les
mentionnent et il est, par suite, arrivé à des conclusions exagérées et quelquefois fausses. En effet, il
y eut souvent des ventes successives, plusieurs achetaient en bloc, pour se partager ensuite ; d'autres enfin achetaient par intermédiaires, en sorte qu'il est
bien difficile de se faire une idée exacte de la trans-
formation qu'a subie la propriété, par suite de la
vente des biens nationaux.

Il est incontestable toutefois que ces ventes favo-
risèrent considérablement l'extension de la petite propriété. Tout d'un coup une masse énorme de biens
se trouva en vente, et ce n'était plus une simple propriété de fait et plus ou moins grevée, qui s'offrait
ainsi au paysan, c'était la propriété pleine et entière,
débarrassée de toute charge, de tout cens. L'impôt
seul restait, et il était faible.

On commença par la vente des biens du clergé et
en Auvergne, ces biens étaient considérables. Il y
avait treize abbayes d'hommes, six de femmes, qua-
tre-vingt-dix couvents ou prieurés, et enfin les cures

et les vicairies (1) Presque tous les couvents ou abbayes
étaient très riches, et possédaient directement ou à
charge de cens, une grande partie des terres.

L'abbaye de Saint-Alyre, de Clermont, dans sa
déclaration de rentes et charges en 1789, indique un
revenu de 61,140 livres ; le clergé possédait encore
de grandes étendues de forêts dans l'arrondissement
d'Ambert ; beaucoup de ces forêts ne purent être ven-
dues, faute d'acheteurs, et font partie maintenant du
domaine de l'Etat ou des communes.

Les biens des émigrés vinrent bientôt augmenter l'énorme masse des biens du clergé. 600 châteaux,
180 seigneuries féodales, existaient sur le territoire
actuel du Puy-de-Dôme. Les biens que possédait la
noblesse en Auvergne, étaient, il est vrai, beaucoup
moins considérables que ceux du clergé, ils occupaient même proportionnellement beaucoup moins
de surface que dans les autres provinces de France.
Le domaine direct de la noblesse, avait été peu à peu
aliéné, dans le cours des deux derniers siècles. Nous
avons vu notamment que le domaine royal peu important en 1637, se trouvait en 1697, complètement aliéné. Mais, si la noblesse possédait peu de biens, elle
jouissait de beaucoup de droits, rentes, cens, charges
de toutes sortes ; là encore en abolissant ces droits,

(1) Doniol. Ancienne Auvergne et Velay.

en libérant le sol, la Révolution favorisa la petite propriété.

En elle-même, l'abolition était tout aussi injuste que la vente des biens nationaux ; ces droits avaient été acquis presque tous à prix d'argent, le plus souvent par des roturiers et à titre de placements de capitaux, et il était parfaitement injuste d'en dépouiller les détenteurs actuels, sans indemnité. Il n'en est pas moins vrai, cependant, qu'au point de vue particulier, auquel nous nous plaçons, l'abolition des droits féodaux, comme la vente des biens du clergé et de la noblesse, favorisa le morcellement du sol français. La petite propriété était née depuis longtemps, elle était même très répandue en Auvergne, mais elle se développa encore et beaucoup.

La vente des biens nationaux fut surtout favorable à la moyenne propriété ; si beaucoup de paysans achetèrent, la bourgeoisie acheta plus encore, probablement les trois quarts, mais peu à peu, dans les années qui suivirent, elle revendit, par parcelles, une partie de ces biens, au paysan. C'est alors que se formèrent en Auvergne ces petits domaines de 30 à 100 hectares, qui devinrent très nombreux, pour se morceler encore, par la suite.

Disons enfin que le régime successoral nouveau vint aider à la division du sol. Nous n'insisterons pas

sur ce dernier point, car en Auvergne, pendant la première moitié du siècle le paysan, surtout le paysan
de la montagne, est parvenu à éluder en partie les
effets de ce régime.

Quelles furent maintenant, les conséquences de
la Révolution, au point de vue de l'état de la classe rurale ? Au paysan, qui ne possédait la terre qu'à titre
plus ou moins précaire, elle accorde le droit de propriété plein et entier, et le débarrasse des charges
qui le grevaient : à celui qui ne possédait rien ou très
peu, elle offrit des terres à vil prix, au premier elle
donne tous les avantages de la propriété complète et
dégrévée, à l'autre elle facilite les moyens de devenir
propriétaire, elle permit aux deux de s'enrichir plus
facilement et d'augmenter leur bien-être, les guerres
continuelles qui survinrent ne permirent pas toutefois
au paysan de profiter de la situation nouvelle qui lui
était faite, et ce ne fut qu'avec la Restauration qu'il
put user de ses moyens, améliorer sa situation et
augmenter son bien-être, l'Empire enlevait à l'agriculture les bras qui lui étaient nécessaires et les impôts augmentaient à mesure que les campagnes se
multipliaient. De la Révolution à la Restauration, la
petite propriété ne fit donc que peu de progrès.

Les bouleversements de la fin du XVIIIe siècle,
avaient permis, surtout à la petite bourgeoisie, de cons-

tituer en Auvergne une masse de petits domaines ;
travaillés par des fermiers et surtout par des métayers, ils étaient généralement mal cultivés, soumis à
la jachère, avec de grands espaces propres à la culture laissés en friches pour le parcours des mou-
tons.

En Limagne comme en montagne, ces domaines
composaient les deux tiers du sol auvergnat ; il s'en
trouvait souvent dix, douze par commune : « La
« propriété est extrêmement divisée en Limagne, on
« y compte une quantité sûrement trop grande de ce
« qu'on appelle bourgeois des campagnes, qui y sont
« possessionnés en biens fonds. L'habitant des villes
« y est aussi possessionné de la même manière. Il
« reste donc bien peu d'espace pour le peuple propre-
« ment dit (1).

Avec la Restauration, la propriété se développe
rapidement dans les campagnes, le paysan laissé par
la paix à sa charrue, peut profiter de ce que la Révolution a fait pour lui ; économe et sobre, il accumule et
bientôt achète. Nous avons entendu quelques rares
survivants de cette époque, nous dire que le temps,
pour eux, le plus prospère, avait été celui de Louis XVIII
et c'est de cette époque que date en Auvergne la

(1) Voyage agronomique en Auvergne 1803.

grande poussée du morcellement, dont nous voyons aujourd'hui les résultats.

D'autre part, et à partir de 1820, les domaines de la bourgeoisie commencent à se diviser ou à se vendre par parcelles que le paysan achète et ce mouvement s'est continué jusqu'à nos jours.

Le taux élevé du loyer de l'argent et, vers 1850, les gros intérêts des capitaux consacrés aux entreprises industrielles, incitent la bourgeoisie à vendre ses domaines qui, cultivés comme ils l'étaient, (et trop souvent le sont encore), ne lui donnaient qu'un et demi à 2 % de revenu.

Aussi, de 1825 ou 1830 à 1860, la petite propriété se développe-t-elle en Auvergne très rapidement.

Un manuscrit de la bibliothèque de Clermont donne le nombre des propriétaires du Puy-de-Dôme en 1840 et indique le chiffre de 230.510. M. Lacroze, l'auteur du manuscrit, aurait mieux fait de parler des cotes que des propriétaires, car il a pris, tout simplement, le nombre de cotes existant en 1840. — Actuellement il y a 323.842 cotes et comme il est admis que le nombre de propriétaires croît proportionnellement au nombre des cotes, mais avec une moindre intensité, on peut évaluer à 60 ou 70.000 le nombre de propriétaires existant en 1840.

Le morcellement était donc très accentué à ce

moment-là. « La grande propriété, dit M. Baudet-
« Lafarge, en 1860 (1), n'existe qu'à l'état d'exception
« dans le Puy-de-Dôme. Les domaines de 100 hec-
« tares y sont rares,..... c'est le pays du morcelle-
« ment par excellence, dans les parties les plus fertiles
« surtout..... Cette division, même excessive déjà, de
« la terre, ne saurait être condamnée, la population
« s'est considérablement accrue et pourtant elle est
« mieux nourrie et mieux logée ».

Après 1860, le morcellement des domaines s'est
continué, mais avec plus de lenteur ; cette petite bourgeoisie qui vivait à peu près dans l'oisiveté, du produit
de ses domaines ruraux et de quelques capitaux, s'est
trouvée obligée, pour suffire aux nouvelles exigences
de la vie et du luxe, à chercher dans les villes un
travail rémunérateur, et elle a continué à vendre ses
terres.

Dans l'enquête agricole de 1868, le baron de
Veaux constate le grand morcellement du sol, les
propriétés se composent de quelques ares en Limagne,
il cite des parcelles de 50 centiares, malheureusement
il constate aussi une baisse numérique dans la population agricole. Le rapport sur les primes d'honneur

(1) Baudet-Lafarge. — L'agriculture dans le Puy-de-Dôme.

de 1870, fait mention des progrès du morcellement :
« Le fermage parcellaire est très répandu dans la
« vallée de la Limagne où le morcellement a été poussé
« à l'excès. »

Au point où en est arrivé aujourd'hui le morcellement dans le Puy-de-Dôme, on peut dire que la
terre est presque entièrement à celui qui la cultive, la
situation du paysan est très prospère, il est généralement bien nourri et sainement logé ; grâce à son ardeur
au travail et à son économie, poussée souvent jusqu'à
l'avarice, il a amélioré sa condition, il possède même
quelques capitaux ; la dette hypothécaire, très forte au
commencement du siècle, a diminué des huit dixièmes,
l'usurier qui prêtait au paysan, à 6 ou 7 0/0, a disparu,
enfin celui-ci s'est débarrassé de l'esprit processif, si vif
autrefois chez lui, et si on plaide encore trop souvent
dans la région du Mont-Dore, on ne plaide presque
plus dans les arrondissements de Thiers et d'Ambert.

Aussitôt que la lourde main féodale ne s'est plus
appesantie sur lui, que la guerre et les révolutions
lui ont laissé quelque répit, et que la terre a été à
vendre, le paysan l'a achetée ; grâce à sa sobriété, à
son épargne, il l'a payée ; grâce à son travail, il en a
triplé la valeur.

Il la détient aujourd'hui presqu'entièrement et on
peut être certain qu'il ne la lâchera plus.

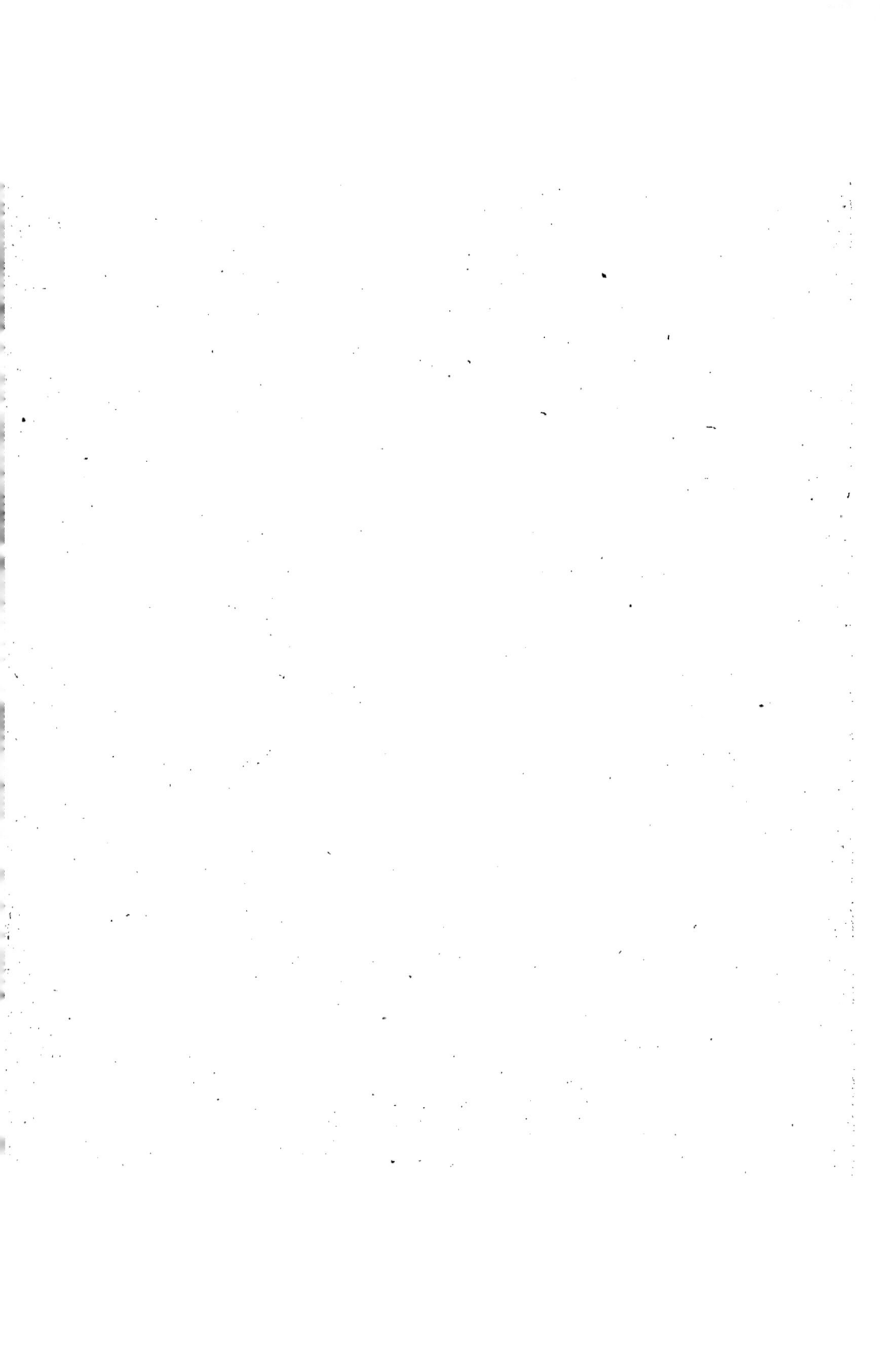

Chapitre III

Etat actuel de la petite propriété

I

Nous venons de voir la marche et les progrès du morcellement jusqu'à l'époque actuelle.

Il s'agit maintenant de rechercher où en est dans le département du Puy-de-Dôme la division du sol ; quel est le nombre des propriétaires et l'étendue moyenne de leurs propriétés.

Essayons, tout d'abord, de fixer au moins approximativement le chiffre des propriétaires agricoles.

La France, d'après l'opinion la plus répandue, contiendrait de 8 à 9 millions de propriétaires. C'est à ce résultat qu'est arrivé M. de Foville (1), et pour ce, il s'est servi des cotes foncières et de différentes

(1) De Foville. Morcellement.

enquêtes agricoles, publiées par le ministère de l'agriculture.

Les cotes foncières, indiquant l'impôt foncier que chaque propriétaire d'une commune a à payer, doivent, semble-t-il, représenter ces propriétaires, et compter celles-ci, paraît devoir donner le nombre de ceux-là. Il n'en est rien cependant, il y a un écart important entre les deux chiffres, et il est nécessaire d'établir la proportion qui existe entre le premier et le second.

A chaque cote ne correspond pas un propriétaire différent, autrement dit, il y a beaucoup plus de cotes que de propriétaires. Nombreux, en effet, sont les gens qui ont plusieurs propriétés dans la même commune; ils ont par suite plusieurs cotes. Le percepteur, il est vrai, doit réunir sous une même cote, toutes les propriétés qu'un individu possède dans la même commune; mais il n'a aucun intérêt à faire cette réunion, il a même avantage à l'omettre. Chaque article du rôle, lui rapporte vingt-deux centimes, dès lors plus il aura d'articles, plus il aura de fois vingt-deux centimes; par suite la réunion désirée ne se fait pas, on ne procède pas à l'élimination des cotes parasites et le propriétaire qui n'a aucun intérêt à ce que cette réunion se fasse, ne la réclame pas.

D'autre part, à l'heure actuelle surtout, bon nombre de gens, possèdent des propriétés, dans des com-

munes, des cantons, des départements différents. Dès
lors pour chacun de ces propriétaires, autant de cotes
que de propriétés.

Autre raison encore, et celle-là des plus importantes : Les limites des propriétés particulières, ne
correspondent que rarement, avec les limites de la
commune ; un paysan qui possède quelques hectares,
a souvent, de ce fait. deux cotes différentes. et si l'on
considère le peu d'étendue du territoire d'une commune (1,690 hectares, en moyenne, dans le Puy-de-
Dôme), on se convaincra de la multiplication des articles qui se produit ainsi. Pour peu qu'un domaine
ait quelque étendue, il a bien des chances de figurer
dans deux communes différentes ; pour des propriétés
de plus de cent hectares, le fait se produit presque
toujours. Dans quelques cas enfin, il peut se créer
une nouvelle perception ; si les limites de cette perception, ne correspondent pas parfaitement avec les
limites des communes, voilà donc du même coup
l'apparition d'un certain nombre d'articles nouveaux.

On le voit donc, il existe un écart sensible entre
le nombre des propriétaires et le nombre des cotes, et
cet écart, loin de s'atténuer, va tous les jours en
augmentant. Le rapport qui était en 1851 de 63 propriétaires pour cent cotes, était descendu en 1879 à 59
pour cent, et ces résultats portent sur la France en-

tière. Nous verrons que dans le département la proportion est à peine actuellement de 30 à 35 0/0.

Il existe dans le Puy-de-Dôme 329,842 cotes
foncières de propriétés non bâties, ou de sols de
propriétés bâties ; la population totale s'élève à
564,266 habitants. La proportion entre le nombre d'habitants et celui des cotes est donc de 0,58° de
cote par habitant, à peu près une cote pour deux habitants. Mais ce qu'il importe de trouver, c'est la proportion des cotes, par rapport au nombre des propriétaires. Si cette proportion était la même que celle
de 1879, pour la France (5) 0/0), nous arriverions au
chiffre de 194,000 propriétaires pour le département (1).
or c'est là un résultat notablement exagéré. On admet
généralement que chaque ménage se compose de
quatre personnes ; or même, en réduisant ce chiffre à
trois, les familles de propriétaires, dans le Puy-de-
Dôme, formeraient une population de 582,000 habitants, or ce chiffre dépasse celui de la population
totale. Ce résultat montre surabondamment que la proportion de 1879, comme du reste, les proportions éta-
blies plus récemment, pour la France entière, ne
sauraient s'appliquer au Puy-de-Dôme.

Pour savoir la proportion à admettre dans le

(1) En chiffres ronds.

département, nous nous sommes adressés à l'admistration des contributions directes, et des renseignements qui nous ont été fournis, il ressort qu'il y a trois cotes et demie pour un propriétaire. L'administration, en effet, estime que le nombre des propriétaires du Puy-de-Dôme s'élève à 90.000 en chiffres ronds ; cette évaluation semble assez se rapprocher de la vérité, bien qu'elle nous paraisse plutôt un peu faible. Le nombre des propriétaires doit osciller entre 90.000 et 100.000 (1). Quant au nombre des cotes, il est toujours allé croissant. M. de Foville (1) constate leur diminution en France de 1882 à 1885 ; ce mouvement de recul, ne s'est pas produit dans le Puy-de-Dôme. Voici en effet le relevé du nombre de cotes pour quelques années prises au hasard :

Années	Total des cotes foncières du département
1840	230.510
1884	324.857
1892	328.559
1899	329.842

En 60 ans, 100.000 cotes nouvelles, ont pris nais-

(1) Sont compris dans ce nombre les propriétaires de maisons et autres immeubles non agricoles.
(2) Morcellement.

sance, soit 25.000 propriétaires de plus qu'en 1840. En huit années, de 1884 à 1892, 3.702 nouvelles cotes et pour les sept années suivantes, 1.285 seulement. Ce ralentissement peut provenir de différentes causes, tout d'abord, la crise agricole qui sévit depuis quelques années et qui en Limagne, prend une acuité particulière par suite du phillexéra, en second lieu, il faut le dire aussi, le morcellement dans beaucoup de parties du département en est arrivé à un point qui ne saurait guère être dépassé ; peut-être enfin, les percepteurs, allant contre leurs intérêts, ont ils fait une certaine élimination de cotes parasites.

Tels sont les renseignements que nous fournissent les statistiques financières. Ils ne sauraient suffire à nous éclairer. En admettant comme exact le chiffre des 60.000 propriétaires, cela ne nous indique pas le véritable nombre des agriculteurs-propriétaires. Il ne faut pas oublier, en effet, que dans le total des cotes foncières, sont comprises les cotes afférentes aux sols des propriétés bâties. A la campagne, presque toujours, un jardin, un bout de terre est joint à chaque maison ; mais en ville, le plus souvent, il en est autrement ; un grand nombre de cotes foncières et des plus petites. représentent uniquement des sols de propriétés bâties et il est difficile de ranger ceux qui possèdent ces terrains, parmi les représentants de la petite propriété rurale.

Pour compléter nos renseignements, il nous faut faire appel aux statistiques agricoles, publiées par le Ministère de l'agriculture et comparer leurs résultats avec ceux des statistiques financières. Les chiffres fournis par les enquêtes agricoles, ne doivent être acceptés, eux aussi, que sous réserves. Nous avons eu, entre les mains, les questionnaires envoyés dans chaque commune et qui ont servi de base pour la confection de l'enquête décennale de 1892. Or, pour beaucoup de communes qui nous sont particulièrement connues, nous avons pu constater des erreurs nombreuses, des chiffres d'une exactitude plus que relative.

Souvent aussi et dans beaucoup de communes la réponse à certaines questions a été omise par suite de la difficulté ou de l'impossibilité de formuler cette réponse. Le total n'en n'a pas moins été fait pour le canton, et ce total est faux, la commune manquante ayant figuré pour zéro.

Expliquer en détail tous ces causes d'erreurs nous entraînerait trop loin, et nous ne saurions du reste, que répéter M. Henry (1) qui dans sa thèse, indique d'une façon très complète, les procédés employés

(1) La petite propriété rurale en France.

pour établir la statistique de 1892 et les éléments d'erreurs que ces procédés comportent.

Ces réserves faites, examinons les renseignements fournis par l'enquête décennale de 1892. Une indication précieuse tout d'abord, c'est le nombre des chefs d'exploitation, c'est-à-dire de propriétaires cultivant eux-mêmes. Il en existe 80.000 dans le Puy-de-Dôme, et à ce point de vue, disons-le en passant, ce département est le premier en rang ; à ce chiffre de 80.000 nous devons ajouter celui des fermiers ou métayers qui représentent un certain nombre de propriétaires n'exploitant pas par eux-mêmes, et enfin de 200 à 300 domaines, exploités sous la direction d'un régisseur, soit au total de 83 à 84.000 propriétaires.

Nous avons vu que d'après les renseignements de l'administration des contributions directes, il y avait de 90 à 100.000 propriétaires. Voilà donc un écart de 10.000 entre les deux statistiques. La raison de cette différence réside probablement dans la distinction entre les différentes catégories de propriétaires : l'administration des finances compte tous les propriétaires du sol, quels qu'ils soient, aussi bien ceux qui possèdent une maison au centre d'une ville que ceux qui possèdent un bien rural. La statistique agricole, elle, ne considère que les propriétaires ruraux. Cet écart de 10.000, proviendrait donc des propriétaires de terrains bâtis, sans aucune dépendance agricole.

Arrêtons-nous donc à ce chiffre de 84.000 propriétaires ; on peut l'admettre comme présentant suffisamment de garanties d'exactitude. On a obtenu, par là même, le nombre des propriétés, en comptant tous les chefs-lieux d'exploitation existant sur le territoire de la commune, quand bien même un certain nombre des parcelles qui en dépendent, figureraient sur le territoire d'une commune voisine.

Nous avons pu constater qu'il n'y avait pas de différence sensible entre le nombre des propriétaires et celui des propriétés ; ou les deux chiffres sont identiques, ou ils varient de deux, trois ou quatre par commune. Dans le canton d'Aigueperse, par exemple, qui contient douze communes, nous trouvons 7,350 propriétaires, pour 7,364 exploitations ; donc au maximum il y a 14 propriétaires, possédant deux propriétés. Il en est à peu près de même dans beaucoup d'autres cantons du département. Et nous savons que ceux qui possèdent plusieurs exploitations, figurent presque toujours, parmi les moyens ou les gros propriétaires.

En regard du chiffre des possesseurs du sol, plaçons maintenant celui de la population agricole du département. Deux sources de renseignements peu-

vent nous servir pour les déterminer : le recencé-
ment et l'enquête agricole. Nous ferons surtout appel
à la seconde, le recensement étant établi dans des conditions qui ne permettent guère de se fier à ses indications.

Aux 84,000 propriétaires, il faut ajouter les journaliers. La statistique de 1892 en compte 22,000. Dans
ce chiffre de 84,000 figurent seulement les individus
sur lesquels reposent le droit de propriété, mais ces
personnes ne sont pas isolées, ce sont le plus ordinairement des chefs de famille et les membres de ces familles participent à la vie agricole, font partie de la
population rurale. Nous verrons d'autre part que le
nombre des petits propriétaires est si important, en
comparaison de celui des moyens et des grands, que
pratiquement, nous pouvons ne pas éliminer ces deux
catégories dans l'évaluation de la population rurale.

En admettant que chaque famille soit composée
en moyenne de quatre membres, nous arrivons au
chiffre de 336,000, auquel il faut joindre les journaliers, soit au total 358,000. La statistique décennale
indique un chiffre supérieur, elle évalue la population
agricole à 376,000. Le total auquel nous sommes arrivés, est donc trop faible et nous n'avons pas de peine
à en saisir la raison : en Limagne la proportion de
quatre individus par famille est, croyons-nous,

exacte, mais dans la montagne elle est trop faible.
Pour une bonne moitié du département, on peut fixer
à cinq la composition de chaque famille, en moyenne.

La statistique décennale de 1882, porte à 392.000
le chiffre de la population agricole du département, il
y aurait donc eu de 1882 à 1892, une baisse de 16.000.
Nous ne saurions dire si ce chiffre est exact, mais il
ne saurait nous étonner beaucoup ; il est certain que
les campagnes d'Auvergne se dépeuplent au profit
des villes ; le mouvement s'accentue tous les jours et
d'autre part, les familles nombreuses deviennent de
plus en plus rares. En Limagne, les familles, sans
enfants ou avec un enfant, ne sont plus comme autrefois des exceptions.

Voilà donc obtenus, approximativement, le nombre des propriétaires et le chiffre de la population
agricole. Il nous reste maintenant à rechercher comment le territoire se répartit entre les divers propriétaires, et quelle est la part revenant à la petite propriété.

La superficie totale du Puy-de-Dôme est de
794.477 hectares ; le bulletin de statistique et de légis-
lation comparée, dans son numéro d'août 1884, indique 768.512 hectares de superficie imposable. D'autre
part il nous donne, à cinq époques différentes, la
contenance moyenne par cote, dans chaque département.

Voici le tableau qui concerne le Puy-de-Dôme :

	Moyenne du Puy-de-Dôme	Moyenne de la France
Cadastre	3.34	4.48
1851	2.86	3.98
1861	2.62	3.75
1871	2.46	3.62
1881	2.39	3.50
1897	2.33	» »

La moyenne on le voit, est, dans le département, très inférieure à la moyenne de la France, résultat et preuve en même temps, de la grande division du sol dans le Puy-de-Dôme.

D'après le tableau-ci-dessus, on peut constater que la marche descendante a été, pour le département, sensiblement la même que pour la France entière.

De 3.34 elle passe à 2.39 (diminution : 0.95), et la moyenne de la France va de 4.48 à 3.50, soit une baisse de 0.98.

Le chiffre de 2.39 est très faible. Dans 9 départements seulement la moyenne est moindre, et encore dans le nombre figure la Seine qui devrait, logiquement, être écartée dans toute question d'économie rurale.

Si nos calculs sont exacts, cette moyenne de 2.39 en 1881 a dû s'abaisser depuis, à 2.33.

Nous savons donc qu'une cote ne représente qu'une très petite quantité de terrain ; mais pour établir cette moyenne, on a compté toutes les cotes foncières du département, et par suite les cotes afférentes aux sols de propriétés bàties D'autre part, nous savons qu'il y a 3 cotes 1/2 pour un propriétaire. Nous sommes donc très au dessous de la véritable contenance moyenne des propriétés du département. Le tableau du bulletin de statistique ne peut nous donner cette contenance moyenne, mais il nous permet cependant de constater une marche descendante qui s'est produite pour les cotes, et a dû avoir lieu parallèlement pour les propriétés. Nous pouvons aussi, grâce à lui, comparer les résultats pour le département avec ceux de la France en général.

Il nous reste maintenant à faire le départ entre la petite, la moyenne et la grande propriété. Le Bulletin de statistique nous sera, pour cela, d'un grand secours. Dans son numéro d'août 1884, il a publié, pour chaque département, un tableau des cotes classées par catégories. Ce travail, devant lequel avait longtemps reculé l'administration des finances, avait été antérieurement fait pour quelques départements : en 1857, pour le Gers ; en 1863, pour l'Yonne ; en 1869, pour l'Isère ; en 1874, pour le Nord.

Les cotes sont divisées en 21 catégories, d'après la contenance.

Voici le tableau qui concerne le département du Puy-de-Dôme :

Désignation des catégories.	Nombre des cotes.	Contenan^{ce} tota^{le} des cotes d'une catégorie.
		Hectares.
De 0 à 10 ares.......	63.774	2.871
De 10 à 20..........	39.189	5.740
De 20 à 50..........	58.735	19.433
De 50 à 1 hectare....	45.410	32.652
De 1 à 2...........	42.088	60.307
De 2 à 3...........	21.062	51.435
De 3 à 4...........	12.915	44.822
De 4 à 5...........	8.789	39.212
De 5 à 6...........	6.215	34.049
De 6 à 7...........	4.510	29.058
De 7 à 8...........	3.442	25.810
De 8 à 9...........	2.742	23.171
De 9 à 10..........	2.196	20.719
De 10 à 20..........	8.736	120.312
Dc 20 à 30..........	2.472	52.060
De 30 à 40..........	903	30.807
De 40 à 50..........	531	23.754
De 50 à 75..........	680	41.613
De 75 à 100........	297	25.524
De 100 à 200........	352	47.744
De 200 et plus......	119	37.419
TOTAUX....	324.857	768.519

Tirons d'abord les conclusions que ce tableau comporte logiquement, nous examinerons ensuite dans quelle mesure sont justes les résultats obtenus.

Nous avons fixé la limite maximum de la petite propriété à 10 hectares (moyenne adoptée par le ministère de l'agriculture). Dès lors, rentrent dans la petite propriété, les treize premières séries du tableau ci-dessus. Elles comprennent 311.067 cotes, occupant une superficie de 389.279 hectares. Si, comme nous l'avons supposé il y a trois cotes et demie par propriétaire, nous obtenons le chiffre de 86.000 petits propriétaires occupant un territoire de 389.279 hectares d'étendue soit en moyenne 1 hectare 25 ares par cote.

La propriété moyenne de 10 à 50 hectares serait représentée par les quatre catégories suivantes comprenant 12.342 cotes et 225.933 hectares (cote moyenne : 18 hectares).

Restent enfin les quatre dernières catégories de 50 à 200 hectares et plus, soit 1.448 cotes pour 152.300 hectares (105 hectares en moyenne).

Les 12,342 cotes de la propriété moyenne représentent à peu près 3.500 propriétaires. Les grands propriétaires seraient au nombre de 7 à 800, dans lesquels il faut compter les personnes morales.

Indiquons maintenant les différentes causes qui

viennent influer sur les chiffres précédents et les modifient dans une certaine mesure. Une première remarque tout d'abord : ce tableau fait, à la petite propriété, la part plus belle qu'elle ne l'est en réalité, et ceci parce qu'il fait deux ou trois propriétés d'un sol qui souvent n'en constitue qu'une seule. En effet, plus est grande une propriété, plus elle a de chances de chevaucher sur deux communes, quelquefois sur trois ; parmi les exemples que nous avons sous les yeux, le fait se produit souvent et il ne s'agit que des propriétés de 40 à 50 hectares, qu'est-ce donc, quand il s'agit de 100 et 200 hectares.

D'autre part, dans le chiffre de 86.000 petits propriétaires, figurent les propriétaires de maisons sans dépendance agricole, que nous pouvons évaluer à 8000, représentant des cotes infimes. Restent donc 78.000 petits propriétaires ruraux.

Remarquons enfin que toutes nos conclusions ne sont obtenues que d'une façon indirecte. Nos renseignements ont porté sur le nombre et la contenance des cotes, et ces cotes, dans chaque catégorie, nous avons dû les transformer en propriétaires. Pour y arriver, nous avons pris la proportion établie par nous. Or cette proportion, n'est qu'une proportion moyenne et il ne faut pas oublier qu'il se rencontre ordinairement beaucoup plus de cotes sur un gros propriétaire que sur un petit.

Toutes ces réserves faites, nous pouvons cependant accepter avec une certaine confiance les quelques chiffres que nous avons dégagés. Nous ne les avons, nous-mêmes, admis, qu'autant que nous avons trouvé leur confirmation dans les diverses enquêtes personnelles que nous avons pu faire, dans toute l'étendue du département.

III

L'infériorité de l'observation directe, c'est qu'elle ne nous permet pas de mettre en ligne une série de chiffres et d'arriver, par une suite de déductions, à des conclusions mathématiques, Pour qu'il en fut autrement, il aurait fallu suivre les 470 communes du département et nous nous serions, le plus souvent, heurtés, sinon au mauvais vouloir, du moins à la négligence de ceux qui auraient été en mesure de nous renseigner. Les enquêtes personnelles, ne nous donneront donc pas des résultats aussi précis que les renseignements administratifs; là est l'avantage de ces derniers. Mais nous l'avons vu déjà bien des fois, c'est aussi leur inconvénient. L'esprit se laisse guider par les chiffres, et bien souvent une circonstance qui a passé inaperçue, vient fausser les résultats.

L'observation directe fournit des conclusions en apparence moins précises, mais l'idée générale qui s'en dégage est plus certaine et plus juste.

Nous nous sommes contentés de parcourir les différentes régions du département et chemin faisant

nous avons consulté les personnes les mieux à même
de nous renseigner : les notaires, les curés, les insti-
tuteurs, les gros propriétaires du pays, sans oublier
nombre de paysans.

Si nous exceptons la haute montagne, la réponse,
pouvons-nous dire, a été partout la même : « tous
propriétaires », voilà ce qu'on vous répète partout. Ces
mots reviennent dans la bouche de toutes les personnes
interrogées Une autre phrase aussi souvent entendue:
« pas de pauvres, pas de riches ». Et de fait, les gros
paysans vont disparaissant peu à peu. Il en reste encore
dans la montagne, du côté de Besse et de St-Anthème,
leur fortune va de 80 à 150 0 0 francs. En plaine et
dans la demie-montagne, il y a encore beaucoup de
paysans aisés, il n'y en a plus guère de riches. Ceux
qui le sont, donnent à leurs enfants une éducation qui
leur fait abandonner la terre. Et c'est là un mal, qui,
dans notre département, s'aggrave d'année en année.
S'il n'y a pas de riches, il y a très peu de pauvres.
Certainement les paysans gênés sont nombreux, mais
il y a peu de mendiants et la plupart de ceux-ci ne font
appel à la charité que comme complément de ressources
par trop insuffisantes. On peut dire, sans être accusé
de paradoxe, qu'il existe une classe de « mendiants
propriétaires », classe peu nombreuse du reste et non
dépourvue d'intérêt.

D'après ce que nous avons pu observer, le départe-
tement se diviserait, au point de vue du morcellement,
en trois zônes distinctes, que nous avons déjà déter-
minées d'une façon sommaire.

Dans les montagnes du Forez et dans les monts
Dômes, les hautes cimes sont couvertes de bruyères et
forment le plus souvent, des communaux très étendus.
Dans les environs de St-Anthème, il existe 2000 hectares de communaux, soumis à un régime spécial et
bien déterminé. Ils sont de père en fils, l'apanage de
certaines familles : les nouveaux arrivants n'y ont
point de parts et chaque famille n'y a pas un droit égal.
Chacune peut y envoyer un nombre déterminé de
vaches, et ce nombre varie avec chaque famille. Il
existe même des espèces de syndics chargés de juger
les différents entre les divers ayant-droit. Cette région
du Forez possède encore de grandes étendues, couvertes de bois, une partie appartient à l'Etat, ce sont
d'anciennes forêts de l'abbaye de la Chaise-Dieu, les
bois communaux figurent à côté de l'Etat, et enfin
ceux des particuliers ; ces bois constituent un certain
nombre de coles de 100 à 300 hectares.

Dans le Mont-Dore les forêts sont plus rares ; sur
ces terrains volcaniques la terre est fertile et produc-
tive jusqu'aux plus hautes altitudes. Chaque ferme
possède « une montagne », c'est-à-dire une certaine

étendue de paturages où le bétail réside tout l'été, et
où l'on fabrique le fromage. Les grands domaines sont
là plus nombreux qu'ailleurs ; le régime adopté se
prête mal, en effet, à la petite culture. Chaque ferme,
avec sa montagne, constitue une propriété importante,
100, 200, 300 hectares, exploitée par un fermier. Le
métayage y est inconnu.

Au-dessous des forêts et des pâturages, la culture
commence. Elle monte jusqu'à 1000 et 1100 mètres. A
côté des petits propriétaires possédant en moyenne
de 8 à 25 hectares, il existait autrefois beaucoup de
domaines d'une certaine étendue, appartenant à la
bourgeoisie ; ces domaines ont presque tous été mor-
celés, à l'heure actuelle, sauf dans le Mont-Dore.
En ce moment, aussi bien dans les Monts-Dômes, que
dans les Monts du Forez, la petite propriété est maî-
tresse du sol dans le Livradois, les paysans émigrent
l'hiver pour revenir au printemps, cultiver leurs terres.
Cette émigration, toute particulière, est une grande
cause de prospérité : La femme et les enfants restent
au logis, soignent le bétail et font les petits travaux
d'hiver, et le pécule que rapporte l'émigrant fournit un
appoint précieux pour l'aisance de la famille.

Sur les plateaux avoisinant le Puy-de-Dôme et
s'étendant jusqu'à la Corrèze, l'émigration est tout
autre. Les individus ne reviennent pas tous les ans,

ils émigrent réellement et complètement et vont faire
des terrassiers ou des maçons.

Le paysan dans ces régions élevées se livre à l'é-
levage du bétail et à la culture du seigle, des pommes
de terre et de l'avoine.

Voilà pour la zone supérieure. Jetons maintenant un coup d'œil sur la zone intermédiaire, de 400
à 800 mètres d'altitude. Cette région est très propice
à la petite culture et à la petite propriété, elle ne se
prête guère à la grande. Composée de beaucoup de
petites vallées, elle ne présente pas de grandes étendues plates, comme la Limagne, ni des plateaux
comme la zone supérieure. Convenant supérieurement
à une culture variée, elle donne toutes sortes de produits. Sur une très faible surface, le paysan établit
une exploitation complète. Au fond de la vallée, sont
les prairies ; plus haut, les champs, dans les parties
les plus mauvaises quelques petits bouquets de bois.
« Les cultures et les propriétés sont réduites et divi-
« sées par petits domaines ; c'est qu'en effet, la vallée
« est éminemment favorable à l'installation des petites
« gens. Ils y trouvent une variété de ressources qui
« ne se rencontrent pas sur les grandes surfaces
« planes, et qui sont une aide puissante pour des fa-
« milles, qui disposent de peu de moyens (1) ». ·

(1) Science sociale, 1894.

Le bétail a, dans cette région, beaucoup d'importance, non pas qu'il s'y trouve des troupeaux comme
en montagne, mais chaque paysan possède de 2 à 10
vaches ; il les attèle pour exécuter les différents travaux des champs et il vend leurs produits. Il n'est pas
de paysan qui n'en possède point Bien plus, dans cette
partie du pays, sa fortune s'évalue, non en argent,
mais en têtes de bétail. On dit « Il a tant de vaches ».
Un paysan qui n'en a que deux est géné ; il lui en faut
trois, pour être dans une situation aisée, de 6 à 10
vaches, il est riche. Bien entendu ce nombre varie
avec l'altitude et la richesse du sol, et les chiffres que
nous donnons, ne sont que des exemples pris dans la
moyenne. Sous cette réserve nous pouvons dire qu'une
tête de bétail, qu'une vache, représente de 2 à 4 hectares.

Dans cette zône, les paysans possèdent de 3 à 8
hectares en moyenne, quelques-uns vont jusqu'à 15
hectares ; au-dessus ce sont des exceptions. Dans
chaque commune, c'est à peine si l'on rencontre deux
ou trois propriétés de plus de 50 hectares. Un simple
coup d'œil, sur le tableau suivant, suffira à nous en
convaincre. Il porte sur dix communes, prises au
hasard, dans cette region intermédiaire.

Numérs	De 0 à 5 hectares.	De 5 à 20 hectares.	De 20 à 50 hectares.	De plus de 50 hectares.
1	49	66	7	0
2	106	81	15	1
3	874	9	3	1
4	89	246	45	2
5	180	200	5	0
6	200	200	15	0
7	262	164	52	5
8	120	89	18	1
9	153	103	9	3
10	216	360	22	1

Les propriétés de 50 hectares, sont comme on le voit, faciles à compter, et là il n'y a guère de chance d'erreurs. Nous ne saurions garantir l'exactitude rigoureuse des premiers chiffres (de 0 à 5, de 5 à 20, de 20 à 50). Un petit propriétaire peut avoir été oublié ou compté deux fois ; il ne peut pas en être de même pour un gros propriétaire ; étant presque seul de son espèce, il est connu de tous les habitants de la commune, et il ne risque pas d'être oublié.

Quant aux propriétés de plus de 100 hectares, elles

sont très rares, et le plus souvent, elles sont consti-
tuées en grande partie par des bois.

La troisième et dernière zône se compose de la
Limagne, région la plus fertile et la plus riche. Là
c'est le triomphe de la très petite propriété, la division du sol, y est poussée à l'extrême, et en s'accentuant davantage, elle pourrait devenir un véritable
danger. Cette région possède peu de bétail ; ses prin-
cipaux produits sont les céréales, le vin, la betterave.
Les fruits sont aussi une importante source de revenus, les prés-vergers, très nombreux, produisent
beaucoup de pommes qui s'expédient à Paris. La culture des céréales y est en baisse par suite des prix
trop peu rémunérateurs ; on a constaté une forte ré-
duction entre la production actuelle et celle d'il y a 10
ou 15 ans ; le mouvement s'est produit, du reste dans
tout le département. En 1881, 216.000 hectares, ont
été ensemencés, et ont produit 3,254,000 hectolitres
de céréales. En 1897, 173,000 hectares, seulement,
ensemencés et 2,566,000 hectolitres (1).

A cette baisse a correspondu une plus grande
surface cultivée en pommes de terre (1881, 28,000
hectares, 1897, 38,000) et en vignes, (1881, 30,983 hectares, 1897, 36, 800). La vigne est la culture la plus

(1) Enquêtes annuelles du ministère de l'agriculture.

importante des coteaux, qui avoisinent la Limagne ;
elle est restée en dehors des progrès accomplis grâce
au perfectionnement des méthodes et des engrais. Le
vigneron s'en tient « à la routine traditionnelle et en
« somme cette routine lui suffit à peu près. Elle tend (la
« vigne) à développer exclusivement, la petite pro-
« priété, la très petite propriété. A vrai dire, elle porte
« à diviser le sol en carrés minuscules, puisqu'un
« très petit espace, suffit à occuper une famille et à la
« faire vivre. »

   « Dans la Limagne, le morcellement de la pro-
« priété et des habitations, ainsi que le constate M.
« Ferdinand Roux est porté aux dernières limites...
« Les vignerons, en arrivent même à remonter dans
« des paniers, la terre que la pluie fait descendre des
« hauteurs, pour se constituer aux flancs des coteaux
« des domaines microscopiques (1) ». Le vigneron
n'emploie pas d'animaux, il se sert uniquement de ses
bras ; la vigne « se fait à la bêche, parce qu'elle donne
« un gros produit, sur un petit espace, parce qu'elle
« exige un travail, plus minutieux qu'énergique » (2).

   En Limagne, la superficie moyenne de la petite
propriété, va de zéro à 3 hectares. A côté de ces peti-

(1) Science sociale 1894.
(2) Science sociale. Ed. Demolins 1896.

Gourbeyre   6

tes propriétés, il en existe encore quelques-unes
plus importantes, non qu'elles aient une étendue
bien considérable, mais parce qu'elles représentent
une grande valeur. Quelques gros propriétaires ex-
ploitent directement, d'autres ont un régisseur. Le
plus grand nombre donnent leur propriété à ferme,
non pas à un seul fermier, mais à plusieurs, 20, 30
quelquefois. Les propriétaires, dès lors sont réduits
au rôle de percepteurs, (environs de Riom). Du reste,
il faut bien avouer que cette façon de procéder, quoique peu recommandable, au point de vue de l'économie rurale, convient cependant très bien, à des terres
de minime étendue et très fertiles. Souvent aussi, au
lieu de plusieurs fermiers, on a, pour les vignes
surtout, plusieurs colons à moitié fruits.

Mais ces grandes propriétés sont en Limagne
des exceptions ;

Comme pour la zône précédente, nous avons
dressé un tableau de dix communes de Limagne, et
l'on peut se convaincre grâce à lui de la vérité de nos
affirmations :

Numér⁰	De 0 à 5 hectares.	De 5 à 20 hectares.	De 20 à 50 hectares.	De plus de 50 hectares.
1	450	38	0	0
2	120	70	0	0
3	670	7	1	1
4	395	14	1	0
5	652	10	0	0
6	375	0	0	0
7	158	2	0	0
8	253	17	0	0
9	270	75	3	0
10	424	19	3	0

Sur ces dix communes prises dans huit cantons différents, une seule propriété de plus de 50 hectares, huit seulement de 20 à 50 hectares, et encore se rapprochent-elles beaucoup plus, par la contenance, du premier chiffre que du second ; et cependant nous n'avons pas choisi, d'une façon particulière, les communes où la propriété était exceptionnellement divisée.

Ces communes ont joui jusqu'ici d'une grande prospérité, due en particulier à la vigne. Le Puy-de-

Dôme, en 1892, était, pour la production du vin, le cinquième en rang. Il venait après l'Hérault, l'Aude, les Pyrénées-Orientales et la Gironde.

Malheureusement à l'heure actuelle, le vignoble d'Auvergne est complètement envahi par le phylloxéra. En 1897, il n'a donné que 294,400 hectolitres, contre une production moyenne de 800,000 hectotolitres (1). Ce faible rendement se réduit encore d'année en année, pour arriver dans un temps très proche à une production nulle. Le vigneron auvergnat traverse actuellement une crise aussi terrible que celle subie il y a quelques années par l'Hérault. Bien loin d'acheter, comme dit Michelet, il va être obligé de vendre, et dans quelles conditions ! Beaucoup, par suite du manque de capitaux, ne pourront reconstituer leurs vignobles. De ce fait, le morcellement en Limagne va subir un temps d'arrêt, peut-être même un mouvement de recul. Sera-ce un bien, sera-ce un mal ? Voilà ce qu'il nous faut maintenant examiner et pour cela, nous allons rechercher et peser les avantages et les inconvénients de la petite propriété.

(1) Enquêtes annuelles du ministère de l'agriculture.

Chapitre IV

Avantages et inconvénients de la petite propriété

Examinons d'abord les reproches que l'on formule le plus ordinairement contre la petite propriété et voyons si ces reproches sont fondés.

La critique la plus répandue, la plus souvent répétée, c'est l'impuissance du petit propriétaire, du paysan, à réaliser les progrès agricoles. Comment voulez-vous, disent les partisans de la grande propriété, qu'un petit cultivateur emploie les procédés perfectionnés, qu'il se tienne au courant et profite des progrès agricoles ? Il ne le veut, ni ne le peut.

Le paysan, en effet, a l'esprit routinier, il est presqu'invinciblement opposé à toute marche en avant. Il emploie le même mode de culture et des instruments aussi rudimentaires que ceux de ses ancêtres, et se refuse, de parti pris, à toute innovation, à tout changement.

. Et d'ailleurs, fut-il animé d'un esprit plus large à la recherche des perfectionnements, qu'il ne pourrait le plus souvent les réaliser. Les progrès agricoles, en effet, se manifestent de deux façons principales : D'abord, un matériel plus perfectionné, en second lieu, une fumure plus complète : machines et engrais chimiques, voilà les deux grands moyens. Or, dit-on, ces deux moyens lui manquent également. Pour se les procurer, il faut des capitaux et le paysan n'en a pas ; en eût-il, du reste, qu'il les emploierait à arrondir son domaine plutôt qu'à l'améliorer.

Voici le grief en quelques mots ; il se décompose comme on le voit. Au paysan, on reproche à la fois son esprit routinier et son manque de capital.

Le petit propriétaire Auvergnat mérite-t-il ces critiques ? Oui, en partie. L'esprit routinier existe chez lui, son entêtement est l'envers d'une de ses meilleures qualités : l'ardeur au travail. Il est assez rebelle aux innovations et ne consent à les adopter qu'à petites doses. Il y vient cependant peu à peu. Les procédés récents, les cultures nouvelles s'introduisent, se propagent de proche en proche, quoique lentement. Quand il est bien convaincu que son voisin gagne à les employer, il y vient de lui-même. Après

avoir ri du grand propriétaire, il finit par l'imiter dans
une certaine mesure. Certes, jusqu'à ce jour, les progrès ont été lents, très lents ; les installations agricoles laissent encore beaucoup à désirer. Mais cependant elles s'améliorent peu à peu, seulement le paysan
Auvergnat est prudent, il se défie ; les nouveautés ne
le tentent pas ; il n'est pas curieux. Est-ce un mal ?
nous ne le pensons pas ; qui dit essai, dit chance à
courir, or, le petit propriétaire n'a pas les ressources
suffisantes pour courir ces chances. Il est prudent et
il a raison de l'être. Ses procédés ne sont pas au
niveau du progrès actuel, c'est vrai ; mais chez lui,
l'amour de la terre, l'ardeur au travail, compensent
cette infériorité et lui ont permis d'améliorer le sol
dans une large mesure et, malgré son esprit routinier,
il a fait des progrès sensibles. La jachère ne se rencontre plus que chez quelques gros propriétaires de
montagne. On peut dire qu'elle a disparu du département (1). D'autre part, le paysan a très bien compris
l'avantage de multiplier les cultures fourragères ; il a
créé un grand nombre de prairies et les accroît tous
les jours.

(1) De 1832 à 1892, la superficie en jachère a diminué de
25,966 hectares. Enquête agricole.
(2) Enquêtes agricoles.

Le Puy-de-Dôme est actuellement le 4ᵉ en rang, pour l'importance de ces cultures. Il vient après la Vendée, le Calvados et l'Orne.

En 1881, les prairies naturelles occupaient 83,150 hectares ; en 1892, 97.504 ; en 1897, 154.400 (1) Pour une région où la petite propriété règne en maitresse, c'est un beau résultat, et de ce fait, le paysan Auvergnat a pour sa part considérablement augmenté la valeur de sa terre.

Quant aux autres modes de culture, le paysan a fait moins de progrès et cependant les rendements qu'il obtient en céréales peuvent avantageusement lutter contre ceux de la grande propriété. Dans la demie montagne et la montagne proprement dite, les grands domaines, mal cultivés par des métayers ou des fermiers, fournissent en céréales des rendements dérisoires et nous savons bien des cas, où de gros propriétaires, devraient au moins prendre modèle sur le paysan. Si l'on veut voir des exemples de culture rudimentaire, si l'on veut retrouver la jachère, les pacages, les landes, c'est dans ces domaines qu'il faut aller les chercher.

Où apparaît véritablement l'infériorité du paysan, c'est quand on compare sa propriété à celle de ces gros propriétaires, trop rares hélas, qui renonçant aux

(1) Enquêtes annuelles du ministère de l'agriculture.

vieux systèmes, se sont mis résolument et directement à l'œuvre. C'est chez eux que le paysan peut
prendre modèle, et qu'il trouve les exemples, les indications, les encouragements. Nous aurons occasion
de revenir sur ce point, en parlant des avantages de
la grande propriété, mais en passant, nous ne pouvons
nous empêcher de féliciter ceux qui luttent contre l'absentéisme et qui résidant au milieu des paysans cherchent à reconquérir auprès d'eux l'influence perdue.

Ce qui fait l'infériorité de la petite propriété, c'est
avons-nous dit, avec l'esprit routinier, le manque de
capital, sans lequel le petit cultivateur ne peut acquérir, ni machines, ni engrais.

Le paysan auvergnat ne le possède que rarement
ce capital ; pas de riches, pas de pauvres, avons-nous
dit plus haut ; il y a cependant des exceptions. Les
prêts hypothécaires sont rares aujourd'hui, et les
caisses d'épargne voient leurs dépôts augmenter de
jour en jour ; ils excèdent les retraits, dans une large
mesure, chaque paysan a son livret, sa femme également, et il en prend un au nom de chacun de ses enfants ; il peut ainsi déposer de 5 à 6,000 fr. Bien plus,
il commence à acquérir des valeurs mobilières, de la
rente française, particulièrement. Evidemment, ce
petit capital, ne saurait lui permettre l'achat de machines coûteuses ; mais dès qu'il s'agit de machines,

il faut distinguer, entre celles qui sont fixes, batteuses, alambics, etc., et les machines mobiles, à moteur animal, faucheuses. moissonneuses, charrues, etc., Les premières, peu nombreuses, d'un prix très élevé, et le plus souvent à moteur mécanique, se trouvent au moyen du louage à la portée du paysan, sans qu'il ait besoin de les acheter. Les machines à battre notamment, existent en grand nombre dans le département, et chaque paysan peut en user à bas prix. Toutes les propriétés de quelque importance les utilisent : seuls les très petits propriétaires n'y ont pas recours, leur récolte est trop peu importante. Ils économisent le prix de location, et le battage occupe leurs journées d'hiver.

Quant aux machines à moteur animal, certaines sont d'un prix élevé, que ne peut aborder le paysan ; mais les autres, les plus nombreuses, sont à la portée de sa bourse et se répandent de plus en plus en Auvergne.

Divers systèmes de charrues, plus ou moins perferctionnées sont déjà en usage, leur emploi se généralise, il en est de même d'un certain nombre d'autres instruments.

Il convient, du reste, de remarquer que, sauf en Limagne, la nature très accidentée du sol de l'Auvergne, est un obstacle à l'emploi de beaucoup de ma-

chines nouvelles, qui exigent une surface relativement
plate pour fonctionner utilement et sans usure trop
rapide. Une autre circonstance particulière à l'Auvergne, vient encore, dans une certaine mesure, anihiler
les bons effets des machines, c'est l'extrême variété
qui existe dans les cultures. Nous l'avons dit plus
haut, la multiplicité des petites vallées permet et né-
cessite même la réunion, sur un petit espace, de
cultures très diverses et rend, dans de telles conditions, l'emploi de certaines machines spéciales, sinon
impossible, du moins peu avantageux ; c'est sur les
grandes étendues plates, que l'on peut, le mieux, les
utiliser.

Ainsi en est-il de la plaine de la Limagne, où la
culture en grand des céréales exige l'emploi de machines agricoles nombreuses.

En dehors de cette dernière région, les gros propriétaires eux-mêmes n'usent de ces machines que
dans une mesure restreinte et l'impuissance du paysan
à les acquérir, n'est pas, pour lui et son petit domaine,
une cause d'infériorité.

Enfin ajoute-t-on, le petit propriétaire ne peut
acheter d'engrais chimiques toujours relativement
coûteux. Cette critique, nous paraît peu fondée. Ces
engrais sont en effet, d'un usage peu fréquent dans
certaines régions, mais nous avons remarqué que

partout où les paysans ont pu constater les bons effets
obtenus par les gros propriétaires, grâce à ces engrais
ils n'ont pas hésité à en acquérir. A ce point de vue,
en effet, il leur est possible de s'entendre avec leurs
voisins. S'il est difficile d'user en commun d'une fau-
cheuse, rien n'est plus facile que de partager le
chargement d'un wagon complet, entre 5 ou 6 petits
propriétaires.

Mais il est des reproches d'un autre ordre que l'on
adresse à la petite propriété. Elle complique dit-on,
à plaisir, les travaux de culture ; le paysan doit aller
cultiver des champs épars et souvent fort éloignés de
son chef-lieu d'exploitation, d'ou pertes sensibles de
temps et d'engrais. En outre, la petite propriété con-
duit à un fractionnement parcellaire exagéré, le sol
est divisé en carrés minuscules, à tout instant il faut
retourner la charrue, au bout de quelques pas, on
trouve toujours un fossé, un mur ou une haie, il y a
par suite beaucoup de terrain perdu. Ecartons d'abord
cette dernière critique en Limagne ou le pays est
riche, il y a peu ou point de haies ; dans la demie
montagne, il en est autrement ; les haies sont nombreuses, tellement nombreuses, qu'en certains endroits et dans une vue d'ensemble, on prendrait pour
des bois des terrains livrés cependant à la culture.
Mais la haie, n'est pas seulement une clôture, comme

il paraît tout d'abord. Dans les terrains en pente,
elle sert à maintenir la terre de la parcelle supérieure,
elle pousse sur le talus qui sépare les deux parcelles
et permet ainsi de diminuer la pente du terrain. En
outre il ne faut pas oublier, que dans un pays, qui
contient peu de bois, c'est seulement dans les haies
qu'on laisse croître les arbres, et nombre de paysans
trouvent dans leurs haies, leur bois de chauffage et
même des pièces de bois d'œuvre. Loin d'être nui-
sibles, elles sont donc souvent très utiles.

Mais ajoute-t-on, la parcelle qu'elles enserrent
est trop exiguë ; là le grief est fondé, en partie du
moins. Dans une grande partie de l'Auvergne, les parcelles sont devenues indivisibles. Nul doute que le
morcellement des propriétés, n'ait été une des causes
de la multiplication des parcelles, mais elle n'a pas été
la seule. En montagne surtout cette multiplicité pro-
vient également de la nature même du relief du sol,
qui, nous l'avons dit, ne se prête en bien des endroits
qu'à de très petits champs.

La progression dans le nombre des parcelles est
très lente ; elles sont très nombreuses et leur superficie moyenne est très faible ; elles correspondent,
nous l'avons vu, à un grand morcellement du sol.
Mais cette extrême division de la propriété, n'est pas
la conséquence nécessaire de la multiplicité. La par-

celle, en effet, n'implique pas discontinuité dans la
propriété du sol et à consulter le plan cadastral de
chaque commune, il ne paraît guère que les parcelles
constituant de petites propriétés, soient plus exiguës
que celles qui en constituent de grandes. La grande
propriété contient plus de parcelles, voilà tout.

Maintenant il faut bien convenir que l'égalité des
partages, surtout quand ils sont mal compris, amène
de temps en temps, la création d'une ou plusieurs
parcelles nouvelles. Il est des régions de l'Auvergne
ou ces partages se font avec une déplorable et absurde
égalité, où chaque co-héritier prend une portion de
chaque champ ; mais, heureusemeut, il n'en est pas
partout ainsi et nous savons bien des communes où
les choses se passent autrement.

L'éloignement de diverses parcelles d'une même
propriété est une des critiques les plus justifiées qui
puisse être adressée à la petite propriété.

Il est de toute évidence qu'un domaine dont les
parcelles sont éparses et éloignées les unes des autres,
se trouve dans des conditions défectueuses et est d'une
exploitation difficile. Le petit propriétaire, dont les
héritages sont ainsi dispersés, perd beaucoup de temps
à aller et venir, par des chemins généralement mauvais. Quelquefois même, pour accéder à son champ,
il doit traverser celui du voisin , mais seulement

quand ce dernier est libre de récolte et alors au point de vue de l'assolement, que de difficultés ! « On est « dans la nécessité de suivre servilement la culture « de son voisin, de façon à labourer, semer et récolter « quand il laboure, sème et récolte » (1).

Les propriétés dispersées sont très nombreuses en Auvergne, il existe, par suite, beaucoup de parcelles enclavées. Il y a là un obstacle sérieux à la culture, une véritable gêne pour le paysan, et naturellement les progrès du morcellement augmentent tous les jours le nombre des parcelles que les propriétaires ne peuvent atteindre qu'en traversant le champ du voisin.

Est-il possible de remédier au mal ? un premier moyen, c'est l'échange libre. La loi de 1884 lui applique un régime de faveur, il ne paie comme droit de mutation que 0 fr. 20 p. 0/0. Il y a bien aussi les remaniements collectifs libres, et même forcés, comme en Allemagne : la majorité peut imposer à un paysan les échanges auxquels il se refuse, cela s'est pratiqué couramment et a donné, en Allemagne, de très bons résultats. Malheureusement, la fin ne justifie pas les moyens, et il y a là une atteinte grave au droit de propriété.

(1, Compte-rendu des travaux de la Société des agriculteurs de France (1874).

De tels procédes ne sont pas encore en usage en
France, et il est douteux qu'ils s'y acclimatent jamais.
Il y a bien eu dans beaucoup de communes, dans l'Est
notamment, des remaniements collectifs, mais ils se
sont faits du consentement des intéressés.

Quant à forcer le paysan à échanger son bien
contre un autre, la chose nous paraît difficile. M. de
Foville dit qu'en France, les agents chargés de l'opé-
ration,seraient reçus à coup de fusil et nous ne croyons
pas trop nous avancer en affirmant que l'Auvergne
serait une des provinces de France où la résistance à
la oi serait la plus vive. La défiance du paysan auvergnat, sa passion de la propriété, son avarice, feraient
de lui, un terrible adversaire de ces remaniements :
« Quelque exigu que soit son champ, il y trouve hon-
« neur et joie s'il sent qu'il y règne souverainement et
« que nul n'en peut remuer la borne impunément » (1).
La seule chose qu'il verrait dans l'échange forcé ,
« c'est qu'on va l'exiler du coin de terre où sa vie s'est
« passée, où toutes ses affections se sont concen-
« trées, où pendant les longues heures d'un travail
« monotone, mille souvenirs, doux ou tristes, lui
« tenaient compagnie. Cette invasion du sol natal le
« révolte et gare à l'envahisseur » (2).

(1) Foville, Morcellement.
(2) Foville, Morcellement.

Il faut laisser le mal se guérir de lui-même ; si par suite des ventes ou des successions une petite propriété se subdivise, il est d'autres cas, à côté, ou une grande propriété se constitue, par la réunion d'un certain nombre de parcelles. Et d'ailleurs un paysan dont la propriété est dispersée, est assez excité par son propre intérêt à chercher, soit par la vente, soit par l'échange, à rapprocher les parcelles les unes des autres. « Comment s'en étonner ? quel est donc le « propriétaire chez lequel le désir de s'agrandir, ne « devient pas doublement impérieux, quand il s'agit « de joindre, comme par un pont, un de ces îlots, « auxquels il ne peut accéder qu'en traversant la « terre de son voisin ? » (1)

Tels sont les inconvénients le plus généralement reprochés à la petite propriété. Nous ne prétendons pas les avoir signalés tous, mais il en est deux, dont nous n'avons pas encore parlé et qui méritent de nous arrêter un instant :

La petite propriété, dit-on, ne se prête pas ou se prête mal à une production spécialisée ; elle ne permet pas de produire plus particulièrement des marchandises, non dépréciées.

Le grief nous paraît peu fondé ; il est certain qu'il

(1) Foville, Morcellement.

Gourbeyre 7

est plus facile à un grand propriétaire qu'à un petit
de se spécialiser dans une production particulièrement avantageuse telle que la vente des fourrages,
l'élevage, l'engraissement ; il doit même souvent, agir
ainsi, s'il veut obtenir un produit rémunérateur. Les
frais d'exploitation qu'il a à supporter, ne lui permettent pas de produire des marchandises dépréciées.

Le paysan au contraire, vivant presqu'exclusi-
ment de sa terre et achetant le moins possible, doit
lui demander les produits variés qui sont nécessaires
à sa consommation. Dès lors, peu lui importe que ces
produits soient dépréciés ou non, puisqu'il ne les
vend pas.

Du reste il se spécialise dans la mesure du possible ; sauf en Limagne, il ne vend plus guère de céréales par suite de leur bas prix ; il a par contre déve-
loppé les cultures fourragères, les prairies naturelles
surtout. Dès qu'il s'est aperçu que les fruits se vendaient cher, il a planté des arbres fruitiers partout où
il l'a pu, et pour ne citer que la région qui nous est
plus particulièrement connue, là où il y a vingt ans
existait un mauvais pommier non greffé il s'en trouve
maintenant 20 ou 30. Le paysan a aussi augmenté le
nombre de ses têtes de bétail en vue de la vente des
veaux qui, pour lui, est très rémunératrice.

Et ceci nous amène au second grief que nous

voulons examiner et que Balzac a ainsi formulé :
« La France n'aura bientôt plus de bétail et la faute
en est à la petite propr'été. » On s'étonne d'une pa-
reille affirmation et c'est plutot le contraire qui serait
vrai, quand le morcellement n'est pas trop exagéré.

M. De Foville (1) en a fait justice et nous ne pouvons mieux faire que de citer après lui, l'éxemple de
la commune de Vensat, que l'excellente monographie
du Dr Jusseraud a rendu célèbre. Le territoire de
cette commune, se composait à la Révolution de 37
fermes. En 1831, il y avait 543 propriétaires, en 1841,
591, en 1882, 652. Quant à l'enquête de 1892, e'le en
indique seulement 445. Il ne nous a pas été possible
de savoir si, en réalité, la baisse dans le nombre des
propriétaires a été aussi forte que l'indique cette enquête ; pour notre part, nous ne le croyons pas. Quoiqu'il en soit, le nombre des bêtes à cornes, a doublé
dans cette commune de 1790 (360) à 1840 date de la
monographie de Jusseraud (676). Il est vrai qu'en 1882
le nombre en est descendu à 575 et nous ne croyons
pas que pour le département, ce chiffre soit exception-
nel. L'espèce bovine, y est, en effet, représentée par
271,000 têtes, soit une moyenne de 576, par commune. Et cependant l'enquête de 1897, indique une

(1) Le Morcellement.

baisse de 48,000 têtes, sur le chiffre fourni par l'enquête de 1882 (309,000) (1).

Voilà donc deux reproches immérités.

Il n'en est pas moins vrai, cependant que la petite propriété a de graves inconvénients, dont quelques-uns, se manifestent en Auvergne d'une façon fâcheuse. Comment donc, après cela, expliquer que partout où la petite propriété se développe, la fertilité augmente, car enfin il est incontestable que la prospérité agricole de l'Auvergne, tient en grande partie à ce que depuis longtemps, la terre s'est divisée entre une multitude de petits propriétaires. Et, aujourd'hui encore, dès qu'un domaine se morcelle, par suite de la vente au détail, on voit aussitôt, la valeur du sol, non pas doubler, mais tripler. La fécondité augmente dans des proportions étonnantes.

Il est vrai que ces domaines se vendent, le plus souvent, parce que leurs propriétaires, n'en tirent plus rien ou très peu, et cela parce que, cultivés d'une façon déplorable par leurs fermiers ou métayers, ces domaines sont arrivés à un tel état d'épuisement et de mauvais entretien, que leur propriétaire, habitant souvent au loin, recule devant la grosse mise de

(1) Enquête annuelle du ministère de l'agriculture.

fonds, qu'il faudrait avancer pour les remettre en état.

La raison de cette métamorphose est facile à découvrir : « tout le secret, c'est que le paysan tra-« vaille sans compter, parce qu'il sait qu'il travaille « pour lui et rien que pour lui et parce qu'il peine sur « une terre qui est sienne et qu'il aime (1) » A force de soins, à force de travail, il arrive à tirer de bons produits même d'un mauvais sol.

Ne faut-il pas l'amour, la passion de la glèbe pour remonter sur son dos, dans une hotte, la terre entraînée dans le bas par les eaux et la culture, pour constituer sur des rochers, des vignes qui représentent des sortes d'escaliers, tant est grande la déclivité du sol. La superficie en murailles de soutènement, est égale au moins, à la superficie plantée. Combien de peines et de sueurs a coûté *la construction* d'une telle vigne! mais au demeurant, elle existe et c'est elle qui donne le meilleur vin.

Les exemples de ce genre, ne sont pas rares en Auvergne. Et l'on nous pardonnera de citer quelques uns des faits, que nous voyons se produire chaque jour, sous nos yeux ; tous les ouvriers employés par nous, sont propriétaires ; hé bien ! pour ne pas perdre

(1) Henry. La petite propriété rurale en France,

une journée, ils cultivent, souvent leur petit bien au clair de lune ; ont-ils des fagots à faire à moitié, ils envoient leur femme et leurs enfants faire les fagots et pendant ce temps viennent en journée ; un de ces ouvriers, en est arrivé à ne plus guère travailler son bien, c'est sa femme et son fils, un gamin de 15 ans, qui font presque tous les travaux.

Aussi voyons-nous tous ces ouvriers arriver vite à l'aisance ; et comment s'en étonner, ils gagnent un double salaire, et presque toujours, la somme qu'ils reçoivent, va toute entière, à la caisse d'épargne.

De tels exemples se retrouvent en Auvergne, à chaque pas, dans chaque village ; bornons-nous aux faits que nous avons cités, ils sont typiques et ne sont nullement dans notre pays, des exceptions. Après cela, il n'y a plus lieu de s'étonner de l'affirmation de M. de Foville, « plus la terre se divise, plus sa fécondité augmente. »

Un autre avantage encore de la petite propriété c'est de convenir parfaitement aux travaux minutieux et délicats que la grande fertilité du sol auvergnat exige. La vigne en particulier n'est jamais mieux cultivée, que par un petit paysan, qui lui donne des soins de chaque jour, et fait ce dont serait incapable un grand fermier ou un métayer.

Disons enfin, que c'est la petite propriété qui

concilie le mieux, le maximum de revenu brut, avec le maximum de revenu net ; l'un et l'autre se confondent presque. Il est vrai que le paysan ne fait pas entrer en ligne de compte, la valeur de son travail, mais cette valeur, ne doit pas être portée « Aussi haut « que semblerait l'exiger les règles d'une comptabi- « lité rigoureuse, parce qu'une assez notable partie est « exécutée par des bras de femmes et d'enfants qui « dans un autre ordre de choses resteraient inoccu- « pés (1). »

Mais il ne faut d'exagération en rien. La division du sol pour être féconde, ne doit pas dépasser certaines limites. Il est évident, qu'en Limagne par exemple, les parcelles de deux mètres de large, il y en a, ne peuvent permettre une culture rationnelle. La petite propriété rurale a de grands avantages, qui compensent largement ses inconvénients, mais la trop petite propriété est un mal. Toutefois s'il y a des exagérations dans le morcellement, ce n'est pas une raison, pour condamner en bloc la petite propriété.

Et puis du reste, ce serait porter sur elle une vue trop étroite que de considérer uniquement sa valeur économique. Il faut aussi regarder plus loin et plus haut.

(1) Baudet-Lafarge. Agriculture du Puy-de-Dôme.

Au point de vue social, il n'est pas indifférent que
le paysan soit propriétaire ou ne le soit pas. Certainement il se laisse, lui aussi, entamer par des pro-
messes plus ou moins fallacieuses. On a fait briller à
ses yeux, un idéal et des espérances irréalisables, on
lui a promis de le décharger de ses impôts, et il a
pris pour une réalité ce qui n'était que l'effet de s'm-
ples manœuvres électorales. Mais tout cela est chose
superficielle et passagère ; au fond le paysan-proprié-
taire n'a pas l'esprit subversif. Il accepterait bien le
partage des grandes propriétés, pour en avoir sa part.
Quand il s'agit du bien des autres, il a toujours la vue
longue, mais dès que son bien lui paraîtrait menacé,
il ferait volte-face et deviendrait aussitôt le plus terrible conservateur. C'est pour cela que les théories col-
lectivistes ont eu jusqu'ici, si peu de succès parmi
les paysans.

Le socialisme agraire n'a pas encore pénétré
dans les campagnes d'Auvergne, mais aujourd'hui les
socialistes cherchent à répandre leurs théories dans
ce milieu.

Au Congrès socialiste de Halle en octobre 1890,
Liebknecht a dit qu'il fallait enrôler les paysans, donner au socialisme la force de l'opinion. Nous doutons
que ces théories trouvent crédit auprès des petits propriétaires: « Tant qu'il ne s'est pas élevé à la propriété,

« le paysan peut se laisser séduire par les théories
« communistes, estimant qu'à leur mise en pratique,
« il n'a rien à perdre et peut avoir quelque chose à
« gagner. Du jour ou il est petit propriétaire, il devient
« par là même un ennemi-né de la doctrine socialiste
« qui le menace dans sa possesion » (1).

La petite propriété est un puissant élément de stabilité et de conservation sociale. Il n'est donc pas indifférent de la voir se développer. Un jour peut arriver ou elle sera le rempart qui arrêtera les promo-
teurs de la liquidation sociale.

M. de Foville (1) nous signale encore un autre
avantage de la petite propriété : elle ralentit l'émigration vers les villes, elle arrête la dépopulation des
campagnes, retient le paysan près de sa charrue et
lui ôte la tentation de la ville. Et de fait les campagnes
d'Auvergne ne donnent aux agglomérations urbaines
que leur trop-plein. L'émigration annuelle n'en est pas
une, au point de vue ou nous nous plaçons ; quand à
l'émigration véritable, elle se fait ordinairement avec
esprit de retour.

La petite propriété a donc en cela un excellent effet ;
mais peut-être est-elle en même temps, une cause

(1) De Rocquigny.
(2) Foville. — Morce lement.

de ralentissement dans les naissances. Déjà, en Limagne, les familles nombreuses sont très rares ; le paysan qui possède un petit domaine, veut le transmettre
intact, il ne veut pas le voir morceller. Quoiqu'il en
soit, la population agricole est en baisse dans le Puy-
de-Dôme, de 392,177, en 1882, elle est descendue à
376,021, et elle baissera encore, nous en sommes con-
vaincus.

Malgré tous les reproches et toutes les critiques
que l'on formule contre elle, malgré la condamnation
que nous avons entendu prononcer par plusieurs
professeurs d'agriculture de département, nous n'en
persistons pas moins dans notre opinion. Nous sommes
certains qu'elle a été, qu'elle est encore pour l'Auvergne une cause de force et de prospérité, comme
aussi un élément de stabilité et de résistance aux
théories subversives de l'ordre social.

Mais ce qu'il faut dire également, c'est que le
morcellement, en Auvergne, a produit maintenant
tous les bons effets qu'on pouvait en attendre et il est
à souhaiter que la progression dans la division du sol
finisse par s'arrêter. Il est à désirer que, là où cette
division est par trop accentuée, il y ait un retour en
arrière. Ce mouvement rétrograde se produit déjà, en
certains points, et cela, par la force même des choses.
Les propriétés infimes se résorbent peu à peu et ce

fait justifie, à 75 ans de distance, ce que disait Benjamin Constant, à la Chambre de 1826 : « Le morcel-« lement des terres s'arrêtera toujours au point au-« delà duquel il deviendrait funeste ».

En tous cas de ce que la petite propriété a de grands avantages, il ne faudrait pas conclure à la condamnation de la grande. Cette dernière, en effet, l'emporte au point de vue économique, elle donne des rendements très supérieurs et si l'on ne considère la production qu'à un point de vue objectif, elle est incontestablement plus avantageuse. Bien plus, la grande propriété est absolument nécessaire et ce serait un grand mal de la voir disparaître.

Elle seule peut réaliser les progrès agricoles, faire les essais coûteux, instruire les paysans par l'exemple ; mais pour cela, il faut qu'un grand domaine soit dirigé autrement que ne le sont, le plus souvent, les grandes propriétés dans le département ; il faut que les propriétaires surveillent leurs exploitations de plus près et n'en abandonnent pas la gestion à un fermier auquel ils ne demandent que l'exact payement des fermages. Il est nécessaire qu'il y ait partout des propriétés modèles, qui soient pour le paysan des leçons de choses.

Georges Michel, examinant dans l' « Economiste français » les causes de la dépopulation des campa-

gnes, en rend responsables les hautes classes :
« Comme toujours, ce sont les classes supérieures
« qui doivent être rendues responsables de cette émi-
« gration. Du moment que les familles qui font tra-
« vailler désertent la campagne pour la ville, n'est-il
« pas naturel que les personnes qui cherchent du
« travail les suivent ».

· Les riches désertent la terre, comme les seigneurs
d'avant la Révolution ; ils ont perdu le contact avec les
paysans, qui ne les connaissent plus. Dès lors, leur
influence est nulle sur les classes rurales ; ne résidant pas, ils ne peuvent prémunir le paysan contre
les mensonges et les calomnies intéressées des politi-
ciens de village.

En un mot, trop peu de grands propriétaires
méritent le titre d' « Autorités sociales », que leur
décerne Le Play. Et cependant, durant les dernières
années de ce siècle, une réaction contre l'absentéisme
semble se produire ; ce mouvement a été commencé
par les victimes des divers régimes politiques. Ecartés
par leurs opinions des affaires publiques, beaucoup
d'hommes intelligents ont tourné leur activité du côté
de la terre. Bon nombre qui, il y a 15 ou 20 ans,
étaient de jeunes magistrats ou des fonctionnaires,
sont devenus depuis des agriculteurs éminents.
Pour ceux-là, au point de vue où nous nous plaçons,

les circonstances qui ont brisé leur carrière ont eu au moins l'avantage de donner à l'agriculture quelques-unes de ces « Autorités » qui lui manquent. Que d'autres les suivent ! Il y a, en France, assez de jeunes gens qui trouveraient là, en même temps qu'une occupation sérieuse, l'occasion d'être utiles à la classe rurale et à la société en général.

Nous voyons venir l'objection, elle a été bien souvent répétée, au point d'être un véritable lieu commun. Ce n'est pas une position que de s'occuper de ses propriétés ; ce travail ne s'impose pas assez, on le néglige et alors autant vaut dire que l'on ne fait rien. Telle est la phrase qui se répète à tous moments et qui est admise comme une vérité reçue.

Cela est, en effet incontestable si, par s'occuper de ses propriétés, on entend simplement vivre en désœuvré, à la campagne, sans faire autre chose pour l'agriculture que de toucher des fermages. Mais il en est tout autrement, quand il s'agit de la direction effective d'une grande propriété. Il y a là de quoi occuper l'activité d'un homme et cette activité ne se dépense nullement en pure perte. Les effets s'en font sentir au bout de peu de temps et au point de vue des revenus, la terre rend bientôt, à celui qui veut s'occuper d'elle, le prix de son travail et de ses soins.

Nous avons pu visiter quelques-unes de ces propriétés dirigées par des hommes instruits et intelligents ; certains d'entre eux ont bien voulu nous donner un aperçu des résultats financiers de leur exploitation, et nous avons pu nous convaincre qu'il y aurait là un exemple à suivre, des efforts à encourager.

Ainsi conduite, la grande propriété sera vraiment utile. Elle se maintiendra à côté de la petite propriété, et toutes deux se rendront de mutuels services. Du reste, elles ne prospèrent jamais mieux que de compagnie. « Il n'est pas de condition plus propice pour « la richesse d'un grand domaine qu'une ceinture « épaisse de paysans propriétaires ». Ils lui fournissent une main-d'œuvre assurée, et n'émigrent pas. « Ils maintiennent la valeur du sol ; de temps à autre, « ils absorbent quelque morceau ingrat de la vaste « terre dont ils sont les satellites et souvent les héri- « tiers présomptifs... Sans cet utile accompagnement « de petites propriétés, la grande languit et se trans- « forme en latifundium. La petite propriété n'a pas « un moindre intérêt à être voisine de la grande ». Nous avons vu déjà, qu'elle lui sert d'exemple et fait pour son plus grand profit, les expériences coûteuses ; de plus, elle loue les bras du paysan, quand ils demeureraient inoccupés et lui permet d'ajouter une petite somme à ses ressources, souvent insuffisantes.

Conclusions

———

Tel est l'état de la propriété dans le Puy-de-Dôme.

Si nous faisons abstraction des crises passagères, telle que l'invasion actuelle du phylloxera, nous pouvons considérer la situation comme prospère.

Est-ce à dire toutefois, qu'il n'y ait aucune amélioration, aucune réforme à souhaiter ?

Evidemment non.

Il y a encore beaucoup à faire, et de la part du législateur et de la part du propriétaire lui-même.

La tâche du premier est importante et serait particulièrement utile et nécessaire.

Nous n'entendons pas examiner en détail tout un plan de réformes, nous en dirons seulement quelques mots.

Et d'abord, nous nous refusons à voir dans nos lois successorales, une des principales causes qui ont

déterminé la crise agricole. Nous ne croyons pas que
leur modification apporte au régime de la propriété
une amélioration sensible, surtout dans notre département. En Auvergne, en effet, le droit d'aînesse n'a,
pour ainsi dire jamais existé, et les parents à l'heure
actuelle, en observant l'égalité, obéissent bien plus à
leurs tendances naturelles qu'à la loi : « Les stipula-
« tions du Code n'ont donc pu contrarier sérieuse-
« ment qu'un nombre assez restreint de familles, et à
« l'époque actuelle, loin de chercher à tourner l'obs-
« tacle, les parents d'ordinaire s'imposent plus d'im-
« partialité que la loi ne l'exige » (1).

D'autre part, certains économistes ont pensé que
la cause du malaise venait des entraves à la circula-
tion des biens. Il y a dans cette opinion une part de
vérité. Ce serait assurément une utile réforme que la
suppression d'une partie des formalités et des impôts,
qui entravent les ventes d'immeubles. Cela a déjà été
fait pour les échanges et il en est résulté un avantage
pour l'agriculture. L'impôt sur les ventes, qui s'élève
avec les frais, à 10 0/0 du prix, est certainement trop
lourd ; il l'est d'autant plus, qu'il croît en proportion
inverse de l'importance de la vente.

Une autre réforme nécessaire serait, nous semble-t-il, la suppression de l'impôt foncier, en tant du

(1) Foville. — Morcellement.

moins qu'impôt d'Etat. Il doit être condamné pour deux raisons : en premier lieu, il est injuste, étant inégalement réparti. Les exemples d'inégalité sont nombreux : le propriétaire de la Limagne paye proportionnellement beaucoup moins que celui de la montagne. Nous nous bornons à citer cet exemple pris dans le département, mais nul n'ignore que dans l'Hérault notamment, des pentes rocheuses, placées, lors de la confection du cadastre, dans la dernière classe, sont maintenant des vignobles de première qualité. En second lieu, l'impôt foncier est peu rémunérateur pour le Trésor. Il donne, tout au plus, 118 millions et pourtant il pèse lourdement sur le petit propriétaire qu'il a fallu dégrever. D'après les renseignements qu'a bien voulu nous fournir la direction des contributions directes, il y a eu en 1898, sur les 329,842 cotes du département, 180,000 articles dégrevés. Quand on arrive à de pareils résultats, mieux vaut la suppression totale et le gouvernement qui réaliserait cette réforme aurait droit à la reconnaissance de toute la classe rurale.

Il nous reste un dernier vœu à formuler au point de vue des mesures fiscales utiles à l'agriculture : nous voulons parler des droits protecteurs sur les produits agricoles. Il est difficile, en effet, quoi qu'en pense Leroy-Beaulieu, d'être à la fois propriétaire et

libre-échangiste. La crise dont souffre l'agriculture
est due en grande partie à la baisse du prix des produits agricoles, et cette baisse est la résultante des
importations étrangères. D'après M. Leroy-Beaulieu,
les gros propriétaires seuls ont intérêt à voir établir
des droits protecteurs ; les petits propriétaires achetant du blé ont intérêt à en voir baisser le prix.
Mais il n'y a pas que le blé, il y a tous les produits
agricoles, les droits portent sur eux tous. Et il est
évident que le paysan vendant plus qu'il n'achète, a
tout intérêt à voir établir des droits élevés sur les
importations étrangères.

Telles sont les réformes qui nous paraissent les
plus nécessaires. Mais l'intervention législative est
toujours lente ; quelquefois elle nuit aux intérêts qu'elle
veut protéger.

En attendant, les propriétaires ruraux peuvent
eux-mêmes faire beaucoup pour améliorer la situation
agricole.

Aux paysans nous recommanderons l'abandon de
plusieurs des anciens procédés par trop rudimentaires, les labours profonds, l'augmentation des fu-
mures, l'emploi rationnel des engrais chimiques et
des amendements et la pratique plus étendue de la
spécialisation, ce grand moyen de production à bon
marché.

Qu'ils renoncent enfin à l'isolement dans lequel ils se complaisent, pour former des syndicats agricoles ; celui du Puy-de-Dôme compte déjà 2.000 membres ; il rend de grands services et en rendra encore plus dans l'avenir.

Quant au grand propriétaire, il est désirable de le voir résider sur sa terre, de façon à l'améliorer, de façon aussi à fournir du travail au paysan, à lui servir de guide et de conseil, à remplir auprès de lui et pour son plus grand avantage, les fonctions locales, tombées le plus souvent entre les mains d'hommes incapables qui, au lieu de voir en elles un moyen de servir l'agriculture, n'y cherchent qu'une sotte satisfaction d'orgueil et d'amour-propre.

Et ainsi l'Auvergne, cette vieille terre des paysans, verra son agriculture déjà prospère prendre un nouvel essor.

Vu :

Le Président de la Thèse,

N. ESTOUBLON.

Vu : Le Doyen,

GLASSON.

Vu et permis d'imprimer :

Le Vice-Recteur de l'Académie de Paris,

GRÉARD.

Paris. — JOUVE et BOYER, imprimeurs, 1 5, rue Racine.